邳州市农业绿色发展理论与实践

汤晓跃　刘恩科◎编

科学技术文献出版社
SCIENTIFIC AND TECHNICAL DOCUMENTATION PRESS
·北京·

图书在版编目（CIP）数据

邳州市农业绿色发展理论与实践 / 汤晓跃, 刘恩科编. -- 北京：科学技术文献出版社, 2024.9. -- ISBN 978-7-5235-1581-5

Ⅰ. F327.534

中国国家版本馆CIP数据核字第2024YX6856号

邳州市农业绿色发展理论与实践

策划编辑：秦　源　　责任编辑：韩　晶　　责任校对：张永霞　　责任出版：张志平

出 版 者	科学技术文献出版社
地　　　址	北京市复兴路15号　　邮编　100038
出 版 部	（010）58882909，58882087（传真）
发 行 部	（010）58882868，58882870（传真）
官方网址	www.stdp.com.cn
发 行 者	科学技术文献出版社发行　全国各地新华书店经销
印 刷 者	北京时尚印佳彩色印刷有限公司
版　　　次	2024年9月第1版　2024年9月第1次印刷
开　　　本	710×1000　1/16
字　　　数	201千
印　　　张	13.75
书　　　号	ISBN 978-7-5235-1581-5
定　　　价	59.00元

版权所有　违法必究

购买本社图书，凡字迹不清、缺页、倒页、脱页者，本社发行部负责调换

编委会

主　　　编：汤晓跃　刘恩科
副　主　编：夏卫国　周玲娣　刘灿玉　赵雪晴
编委会成员：樊继德　陆信娟　张碧薇　朱海梅　刘　娟
　　　　　　丁庆广　曹　艳　杨宾龙　姜新菊　王　鑫
　　　　　　徐希兰　刘贤松　邢东风　刘立中　李　刚
　　　　　　张凤华　魏　永　赵永亮　夏月美　仲智扬
　　　　　　苏雅纯　杨兆光　吴　琪　冯　玉　孙　莉
　　　　　　陈彩娣　程秀然　陈柏硕　吴　楠　邹　丽

前 言
FOREWORD

绿色发展是寻求经济社会进步与环境保护和谐统一的发展模式，代表着21世纪的发展方向。中国特色社会主义进入新时代，我国社会主要矛盾已经转化为人民日益增长的美好生活需要和不平衡不充分发展之间的矛盾。就农业领域来看，主要依靠资源消耗的粗放经营方式没有根本改变，面源污染和生态退化的趋势尚未得到有效遏制，绿色优质农产品和生态产品供给还不能满足人民群众日益增长的需求。坚持和践行以人民为中心的发展思想，必须以绿色发展引领农业农村现代化，推进生产方式绿色化、生活方式绿色化。加快农业现代化转型发展和农业供给侧结构性改革，推进农业绿色化、优质化发展，是当前及今后一段时期农业发展的主要任务。

在加快推进乡村振兴、奋力谱写"三农"工作新篇章进程中，邳州更新发展观念，立足生态优先、绿色发展、产业富民目标，大力推广种植、加工、管理等标准体系，连续3年实施全国有机肥替代化肥试点县、农作物秸秆综合利用试点县、土地轮作试点县项目，整县推进全国畜禽粪污资源化利用项目，推动药肥减量增效、废弃物综合利用、耕地质量改善、产品安全优质发展。建成省级绿色优质农产品基地、全国绿色食品原料标准化生产基地。邳州获批全国农业绿色发展先行先试支撑体系建设试点县。

通过深入调查研究和查阅国内外相关文献，本书分析了农业绿色发展的相关概念及理论基础，对邳州发展绿色农业的优势、劣势、机遇和挑战进行了分析，在理论分析基础上建立评估指标体系，对邳州农业绿色发展水平进行评估；总结分析邳州稻田综合种养、稻蒜轻简化绿色种植、大蒜地膜应用与回收等技术模式及其经济效益、生态效益和社会效益。通过对邳州绿色农业发展基础、优劣势、政策等进行综合分析，提出下一步邳州农业绿色发展的路径，让邳州生态更美、环境更靓，绘就邳州山清水秀、天蓝地绿、村美人和的画卷。

目 录
CONTENTS

第一章　农业绿色发展相关概念和理论 1
　　第一节　相关概念的界定 1
　　第二节　基础理论 2

第二章　邳州农业农村情况 4
　　第一节　自然资源概况 4
　　第二节　社会经济概况 11
　　第三节　农业农村发展概况 13
　　第四节　农业绿色发展工作成效 15

第三章　邳州农业绿色发展 SWOT 分析 21
　　第一节　优势分析 21
　　第二节　劣势分析 23
　　第三节　机遇分析 24
　　第四节　挑战分析 24

第四章　农业绿色发展总体目标及任务 26
　　第一节　总体目标 26
　　第二节　重点任务 27

第五章　农业绿色发展水平评估 44
　　第一节　邳州市农业资源概况 44
　　第二节　农业绿色发展评估指标体系 56

第三节　农业绿色发展水平评估方法..................................62
  第四节　评估结果分析..................................74

第六章　大蒜产业发展..................................80
  第一节　邳州大蒜产业发展概况..................................80
  第二节　大蒜地膜覆盖绿色栽培..................................91
  第三节　大蒜地膜减量替代..................................92
  第四节　大蒜地膜回收再利用技术..................................102
  第五节　大蒜施肥技术试验..................................127
  第六节　大蒜水肥一体化减量增效技术..................................137
  第七节　大蒜农机具应用推广..................................159

第七章　农业绿色发展典型模式..................................162
  第一节　稻虾综合种养..................................162
  第二节　稻田养蟹模式..................................166
  第三节　秸秆综合利用技术..................................169

第八章　农业绿色发展机制和政策研究..................................174
  第一节　农业绿色发展创新机制与效益研究..................................174
  第二节　农业绿色发展补偿机制与效益研究..................................176

第九章　现有农业绿色发展的标准..................................179

第十章　邳州农业绿色发展战略..................................203
  第一节　加强农业生态保护..................................203
  第二节　大力推进高标准农田建设..................................204
  第三节　推进农业绿色生产..................................204
  第四节　推进农业废弃物资源化利用..................................205

第五节　加强农产品质量安全监管..................................205

第六节　努力打造强势品牌..................................206

参考文献..................................207

第一章
农业绿色发展相关概念和理论

第一节 相关概念的界定

一、绿色发展

绿色发展是以效率、和谐、持续为目标的经济增长和社会发展方式。绿色发展以人与自然和谐为价值取向,以绿色低碳循环为主要原则,以生态文明建设为基本抓手[1]。

二、生态农业

生态农业是以生态学、生态经济学为依据,在一定的时间与空间内,因地制宜地组织、规划和实施农业生产[2]。生态农业以维持生态平衡为指导思想,科学安排产业结构,提高太阳能利用率,促进物质和能量的转化与循环,以最少的原料输入,求得尽可能多的农、林、牧、副、渔等产品的输出,实现经济效益、社会效益和环境保护的协调统一[3]。

三、农业产业化

农业产业化是以市场为导向,以经济效益为中心,以主导产业、产品为重点,优化组合各种生产要素,实行区域化布局、专业化生产、规模化建设、系列化加工、社会化服务、企业化管理,形成种养加工、产供销、贸工农、农工商、农科教一体化经营体系[4],使农业走上自我发展、自我积累、自我约束、自我调节的良性发展轨道的现代化经营方式和产业组织形式[5]。

第二节 基础理论

一、习近平生态文明思想

习近平生态文明思想是习近平新时代中国特色社会主义思想的重要组成部分，是习近平总书记立足新时代生态文明建设实践创造形成的重大理论成果，是建设社会主义生态文明的科学指引和强大思想武器，内涵丰富，意义深远[6]。习近平生态文明思想有丰富内涵——坚持生态兴则文明兴、坚持人与自然和谐共生、坚持山水林田湖草是生命共同体、坚持良好的生态环境是最普惠的民生福祉、坚持绿水青山就是金山银山、坚持用最严格的制度保护生态环境、坚持建设美丽中国全民行动、坚持共谋全球生态文明建设[7]。

党的十八大以来，习近平总书记深刻回答了为什么建设生态文明、建设什么样的生态文明、怎样建设生态文明等重大理论和实践问题，系统形成了习近平生态文明思想[8]。习近平总书记在党的十九大报告中指出，加快生态文明体制改革，建设美丽中国[9]。

二、农产品生命周期理论

农产品生命周期理论是指一种产品从投入市场开始到退出市场为止的周期性变化的过程[10]，即农产品从进入市场到退出市场所经历的市场生命循环过程[11]。

三、可持续发展理论

可持续发展理论是指既满足当代人的需要，又不对后代人满足其需要的能力构成危害的发展[12]。可持续发展定义包含两个基本要素或两个关键组成部分——"需要"和对需要的"限制"[13]。可持续发展主要包含4个原则：公平性原则，即无论是本代人之间，还是多代人之间都应公平地进行资源分配和利用；持续性原则，即人类的发展要从长远角度出发，一直维持在发展进步的状态中，不能为追求某一时刻的高速发展而对未来发展的倒退埋下隐患；共同性原则，即各国之间的发展目标和最终结果应该是共同的，都是为了人类的生存和发展越来越好；和平性原则，即世界各国发展的前提应当是和平的，虽然可能会伴有小摩擦，但是总体上是友好、和谐、无战争冲突的发展[14]。

第二章
邳州农业农村情况

第一节 自然资源概况

一、地理区位

邳州市位于江苏省最北部,隶属徐州市,地处徐州和连云港之间,地理坐标为东经117°35′50″至118°10′40″,北纬34°07′至34°40′48″,东与新沂市为邻,西与徐州市铜山区和贾汪区毗连,南接睢宁县和宿迁市宿豫区,北接山东省。邳州市属于黄淮海区,依据《全国农业可持续发展规划(2015—2030年)》的区域布局,黄淮海区以治理地下水超采、秸秆禁烧、化肥农药减施、提升耕地质量为重点,稳定发展粮食和"菜篮子"产品[15]。

二、气候条件

邳州市界于黄淮之间,属于暖温带湿润半湿润季风气候区,四季分明,日照充足,冬干冷,夏温热,年平均气温为14.4℃,年平均日照时数为2219.7小时。境内雨量较充沛,年平均降水量为853.2毫米[16]。年内降水量大多集中在夏秋两季,其中夏季(6—8月)降水量占年平均降水量的60.6%;冬春降水量较少,分别占年平均降水量的6.4%、16.5%。常见的灾害性天气有暴雨、洪涝、高温、干旱、低温连阴雨、雷暴、大风、冰雹、龙卷风、寒潮、霜冻等。

三、地形地貌

邳州市处于鲁南丘陵山区和苏北平原之间的过渡带，海拔在20～33米，地势西北高、东南低。全境地貌分为平原洼地、坡地、山地和水域4种类型，其中，平原洼地为邳州地形主体，面积约1080平方千米，占全市总面积的51.8%，其他依次为坡地（27.1%）、水域（16.3%）、山地（4.9%）。

四、耕地资源

邳州市全市总面积为2084.69平方千米（合312.7035万亩）①，其中，耕地面积为150.1万亩，占全市总面积的48%，划定的永久基本农田保护区面积为126.39万亩，到2022年底，全市高标准农田面积为111.4万亩。

五、水资源

邳州市属淮河流域，沂、沭、泗水系，按流向归宿划分为沂河、中运河、徐洪河三大水系[17]，境内干支河流有43条，其中，中运河、徐洪河是南水北调东线工程的主要通道。邳州市外来水年径流总量达72亿m^3，故有"洪水走廊"之称。2022年，邳州市水资源总量为6.42亿m^3，其中地表水资源量为4.37亿m^3，地下水资源量为2.55亿m^3，地表水与地下水资源重复量为0.5亿$m^{3[18]}$。

（1）地表水水质。邳州市一、二级水功能区划河道水质总体较好，地表水Ⅲ类标准的测次比例为80%，Ⅳ类标准的测次比例为19%，Ⅴ类标准的测次比例为1%，劣Ⅴ类标准的测次比例为0，主要超标项目为化学需氧量（COD）、高锰酸盐指数和氨氮（NH_3-N），运河水体石油类水质指标偶有超标。南水北调输水干线中运河水质较好且下游水质优于上游水质；徐洪河及房亭河水质较差，部分测次水质为劣Ⅴ类，主要超标项目为化学需氧量、高锰酸盐指数和氨氮。主要入境河道东加河、邳苍分洪道西泓、沙沟河、西加河、沂河水质较好，全年期Ⅲ类水达标率在94.1%以上；白家沟、城河、黄泥沟、邳苍分洪道东泓、汶河、武河水质较差，Ⅲ类水达标率仅在

---

① 1平方千米=1500亩。

0～60%[19]。

（2）地下水水质。邳州市浅层地下水 pH 值介于 7.61～8.39，平均值为 7.9，为Ⅰ～Ⅲ类水质；深层地下水 pH 值介于 7.84～7.87，平均值为 7.9，为Ⅰ～Ⅲ类水质。邳州市浅层地下水溶解性总固体值介于 350～881 mg/L，平均值为 672 mg/L，为Ⅱ～Ⅲ类水质；深层地下水溶解性总固体值介于 498～503 mg/L，平均值为 500 mg/L，为Ⅱ～Ⅲ类水质。可见，邳州市浅层地下水溶解性总固体值地区差异较大，深层地下水溶解性总固体值变化较小。邳州市浅层地下水总硬度值介于 456～584 mg/L，平均值为 540 mg/L，为Ⅳ～Ⅴ类水质；深层地下水总硬度值介于 376～377 mg/L，平均值为 376 mg/L，为Ⅲ类水质。可见，邳州市浅层地下水总硬度值较高，深层地下水总硬度值较低。邳州市浅层地下水氟化物值介于 0.28～0.65 mg/L，平均值为 0.56 mg/L，为Ⅲ类水质；深层地下水氟化物值介于 0.54～1.29 mg/L，为Ⅲ～Ⅳ类水质。

（3）水资源利用。2022年，邳州市供水总量为 6.18 亿 m^3，其中，地表水供水量为 5.76 亿 m^3，地下水供水量为 0.36 亿 m^3，非常规水利用量为 0.06 亿 m^3。2022年，邳州市用水总量为 6.18 亿 m^3，其中，农业用水量为 5.2 亿 m^3，工业用水量为 0.27 亿 m^3，生活用水量为 0.69 亿 m^3，生态用水量为 0.02 亿 m^3。农业灌溉水利用系数为 0.624。

（4）水资源变化趋势。邳州市 2022 年降水量为 678.4 mm，较年平均降水量 853.2 mm 偏少 174.8 mm，从降水量对比看，邳州市 2022 年水资源量较多年平均值偏少。邳州市境内的骨干河道生态健康状况较好，但市域内中小河流水生态健康状况不容乐观[20]。水生态健康状况评价结果为"优良"的河流占 22.4%，评价结果为"中"的河流占 30.6%，评价结果为"差"的河流占 47%。沙沟湖、艾山水库水生态健康评价结果为"中"。在水资源利用方面，邳州市农业用水利用效率有所提高，农业用水量逐年呈下降趋势；工业和生活用水量逐年增加，趋势变化不大[21]。

六、土地资源

邳州市东西距离 52 千米，南北距离 61 千米。西北部和西南部山峦起伏，腹地河流如织。全市土壤分为潮土、棕壤土、褐土、砂礓黑土和水稻土

5种，其中潮土为主要类型，分布于平原地区，面积为158.8万亩。2017年，全市农用地面积为157 053.70公顷[①]，建设用地面积为40 181.90公顷，未利用地面积为11 233.14公顷（三大类）。根据第二次全国土地调查土地利用现状分类一级类划分情况，2017年全市耕地面积为116 578.17公顷，园地面积为9874.88公顷，林地面积为4679.66公顷，草地面积为311.20公顷，城镇村及采矿用地面积为35 654.85公顷，交通运输用地及水域水利设施用地面积为4527.05公顷，其他土地面积为2007.63公顷。2020年（沿用2018年数据），全市农用地面积为156 782.13公顷，建设用地面积为40 545.79公顷，未利用地面积为11 140.82公顷（三大类）。2020年（沿用2018年数据），全市耕地面积由2017年的116 578.17公顷增加到116 637.35公顷，耕地面积净增加59.18公顷（表2-1）。

表2-1　邳州市2017年、2020年（沿用2018年数据）耕地面积汇总（二级类）

单位：公顷

地类	2017年	2020年	增减变化情况
小计	116 578.17	116 637.35	59.18
水田	33 922.34	33 804.6	−117.74
水浇地	108.21	108.21	0
旱地	82 547.62	82 724.54	176.92

①对比分析同期其他地类增减变化情况，年度内因建设占用及产业结构调整（主要为设施农用地）占用耕地277.82公顷，其中因建设占用耕地263.26公顷，因产业结构调整耕地减少14.56公顷。

②对比分析同期其他地类增减变化情况，年度内土地整治新增耕地337.00公顷。

2017年全市园地面积为9874.88公顷，至2020年（沿用2018年数据）全市园地面积为9853.86公顷，较2017年园地面积净减少21.02公顷，主要

---

① 1公顷=0.01平方千米。

由建设占用园地及产业结构调整所致（表 2-2）。

表 2-2　邳州市 2017 年、2020 年（沿用 2018 年数据）园地面积汇总（二级类）

单位：公顷

地类	2017 年	2020 年	增减变化情况
小计	9874.88	9853.86	−21.02
果园	1764.46	1761.82	−2.64
茶园	7.92	7.92	0
其他园地	8102.5	8084.12	−18.38

2017 年全市林地面积为 4679.66 公顷，至 2020 年（沿用 2018 年数据）全市林地面积为 4672.25 公顷，较 2017 年全市林地保有量净减少 7.41 公顷，主要由建设占用林地及产业结构调整所致（表 2-3）。

表 2-3　邳州市 2017 年、2020 年（沿用 2018 年数据）林地面积汇总（二级类）

单位：公顷

地类	2017 年	2020 年	增减变化情况
小计	4679.66	4672.25	−7.41
有林地	4577.47	4570.06	−7.41
灌木林地	5.86	5.86	0
其他林地	96.33	96.33	0

2017 年全市建设用地面积为 40 181.90 公顷，至 2020 年（沿用 2018 年数据）全市建设用地面积为 40 545.79 公顷，净增加 363.89 公顷，其中城镇村及铁路、公路用地增量较大（表 2-4）。

第二章 邳州农业农村情况

表2-4 邳州市2017年、2020年（沿用2018年数据）建设用地面积汇总（二级类）

单位：公顷

地类		2017年	2020年	增减变化情况
建设用地合计		40 181.90	40 545.79	363.89
城镇村及采矿用地	小计	35 654.85	35 927.83	272.98
	城市	2609.87	2632.3	22.43
	建制镇	4197.35	4348.54	151.19
	村庄	27 769.14	27 868.28	99.14
	采矿用地	692.25	692.25	0
	风景名胜及特殊用地	386.24	386.46	0.22
交通运输用地及水域水利设施用地	小计	4527.05	4617.96	90.91
	铁路用地	208.94	266.01	57.07
	公路用地	2282.91	2316.14	33.23
	港口码头用地	123.02	125.17	2.15
	管道运输用地	3.45	3.45	0
	水库水面	18.34	18.34	0
	水工建筑用地	1890.39	1888.85	-1.54

2017年全市未利用土地面积为11 233.14公顷，至2020年（沿用2018年数据）全市未利用土地面积为11 140.82公顷，净减少92.32公顷（表2-5）。

表2-5 邳州市2017年、2020年（沿用2018年数据）未利用土地面积汇总（二级类）

单位：公顷

地类	2017年	2020年	增减变化情况
小计	11 233.14	11 140.82	-92.32
河流水面	9458.76	9381.58	-77.18
湖泊水面	15.98	15.98	0
内陆滩涂	1033.34	1025.64	-7.70
裸地	413.86	410.66	-3.20
其他草地	311.20	306.96	-4.24

七、矿产资源

以非金属为主,主要有石膏、石灰岩、大理石、石英岩、辉绿岩、高黏土、黄沙、钛铁矿等。其中石膏为特大型二水软石膏矿床,矿床面积约60平方千米,总储量为44亿吨,居华东地区之首,矿藏质地优良,埋藏浅,地质构造、水文情况和开发技术简单;石灰岩矿储量为7亿吨,为生产水泥、白灰优质原料;石英岩优质矿储量为2亿吨;钛铁矿储量近300万吨。

八、气候资源

2020年,邳州市气候整体表现为温高水多,涝重灾多。年平均气温为15.2 ℃,比常年偏高0.8 ℃,除4月、7月、10月、12月偏低或基本持平外,其他各月均偏高。年极端最低气温为-11.8 ℃,出现在12月30日,年极端最高气温为37.7 ℃,出现在6月4日,35 ℃及以上高温天数为15天。年降水量为1142.1 mm,比常年偏多288.9 mm(偏多近34%),其中,1月、2月、3月、6月、7月、11月偏多,其余月份均偏少;年日照总时数为1750.4小时,比常年偏少469.3小时。

2020年,主要气象灾害有暴雨、高温、冰雹、大风等。极端天气过程主要有:12月29日的暴雪(雪深8 cm),6月16日、7月12日和7月22日的暴雨,5月18日、5月23日、6月1日和9月2日的大风(市域极大风速分别达到23.2 m/s、28.8 m/s、22.3 m/s、21.5 m/s)。7月11—12日邳州地区出现全市范围的强降雨天气过程,全市各镇均出现100 mm以上的大暴雨,各镇(街道)降水量在112~238.4 mm,作物、房屋、企业等出现不同程度的灾情。盛夏涝情历史罕见,盛夏期间的6月7日至7月26日降水量为681.1 mm,50天时间里降水量超过全年一半,比常年同期显著偏多。

根据气象观测资料综合分析,气候变化已经成为客观事实,极端天气频发。气候系统的变暖趋势进一步持续。2020年年平均气温继续偏高,其中8个月偏高,四季温度整体表现均偏高。涝情异常明显。年降水量≥0.1 mm降水日数(81天),虽与常年比属偏少,但具有降水集中且单日降水量较极端及总量显著偏多的特点。2020年暴雪、大风、暴雨等极端天气频发,对农业生产造成了很大影响。

九、生物资源

2022年，全市粮食播种面积为191.16万亩，平均单产为445.77千克/亩，总产为85.21万吨。其中，小麦77.18万亩、水稻48.94万亩、玉米55.9万亩、豆类8.99万亩、甘薯0.15万亩。全市生猪出栏量为95.43万头，家禽出栏量为4209.97万羽，肉牛出栏量为0.32万头，肉羊出栏量为16.42万只。全市畜禽肉类总产量为24.6544万吨，其中猪肉总产量为7.7486万吨，牛肉总产量为0.0476万吨，羊肉总产量为0.1816万吨，禽肉总产量为7.2806万吨，禽蛋总产量为6.396万吨。水产品产量为2.7659万吨。蔬菜及食用菌播种（复种）面积为144.29万亩，总产量为295.70万吨，其中大蒜实收面积为61.2万亩，总产量为77.7万吨。全市林地面积为96.54万亩，林网面积为180万亩，农田林网覆盖率为97%，全市活立木蓄积量为392万m^3，林木覆盖率为31.61%，全市林业产值达530亿元。

第二节　社会经济概况

邳州位于陇海铁路与京杭大运河交汇处，面积为2084.69平方千米，人口为191万人，辖21个镇、4个街道、1个省级经济开发区、1个省级高新技术产业开发区、1个省级风景名胜区、505个村（社区）。获评全国文明城市，荣获省2020年、2021年、2022年推进高质量发展先进县，蝉联徐州市年度综合考核县（市）区第一等次。

邳州历史悠久、人文荟萃。古纳玛象牙化石，被誉为"世界象牙化石之王"；大墩子遗址距今6000多年，是江苏省文明的最早起源。"奚仲造车""邹忌讽齐王纳谏"等述说着悠久的历史和灿烂的文化。它历经楚汉相争、三国角逐、宋金交兵，是淮海战役首捷地，是中国最小的革命烈士"小萝卜头"的故乡，是"一不怕苦、二不怕死"王杰精神的发源地。

邳州环境优美、生态宜居。全市水域面积占17%，绿化覆盖率达44%，城市建成区为51平方千米、人口为60万人。精心打造邳北沿艾山风景区、银杏湖风景区等国家4A级、3A级景区，古栗园、时光隧道、禹王山等，以及邳南沿土山古镇、岠山、蘑菇峰、小黄山等精品旅游线路，形成南北呼应的旅游格局，全力打造全域旅游示范区。

邳州区位优越、交通便捷。自古有"北接齐鲁、南连江淮"之称，东临新亚欧大陆桥"东方桥头堡"连云港，西依历史文化名城徐州，徐连高铁、陇海铁路横穿东西，大运河纵贯南北，是国家"一带一路"重要枢纽城市。突出重点、分步实施，优先建设"三区两带一环"，"三区"即高铁河湾片区、东湖创新生态区、新港门户功能区，"两带"即大运河文化景观带、六保河生态风光带，"一环"即城市大外环，加快提升城市能级，全力打造现代化中等城市。

邳州产业集聚、特色鲜明。坚持"工业立市、产业强市"发展战略，牢固树立"项目为王"理念，对接徐州"343"创新产业集群，全力突破招商引资"1号工程"和百亿级项目。深入推动六大主导产业集群式、规模化发展，打造碳基新材料产业基地、再生资源循环利用产业基地、半导体材料与设备产业基地、生态家居产业基地、高端装备制造产业基地、绿色食品产业基地。打破"园区、非园区"概念，探索板块联动发展，加强"僵尸企业"出清和低效闲置用地盘活，推动各园区特色化发展。

邳州重诚守信、开放包容。至诚至信的忠义精神世代相传，勤劳、朴实、实干的乡情民风接续传承。"创新、争先、开放、包容"的城市精神，凝聚了全市干群干事创业、争先进位的强大合力。深入推进"放管服"改革，围绕项目全生命周期管理，实施扁平化管理和分布式开放化办公，引导90%的干部沉到一线，打造保姆式定制服务。

当前，邳州正深入学习宣传贯彻党的二十大精神，深入开展"争当三问公仆，争做四有典型"主题实践，锚定"树牢标杆意识，争创高质量发展示范市"最新定位，聚力推进高质量发展、高品质生活、高效能治理、打造现代化强市"三高一强"发展战略，拼状态、比实绩，全力建设先进制造强市、创新开放强市、现代农业强市、生态文明强市、文教康养强市和社会治理强市，坚决扛起挑大梁、担重任的历史使命，奋力谱写"强富美高"新邳州现代化建设新篇章。

第三节　农业农村发展概况

邳州是农业大市，也是农业强市。近年来，邳州认真贯彻落实中央、省市决策部署，突出产业特色，放大治理优势，乡村振兴工作全面推进。获批全国乡村治理体系建设试点县、全国农产品产地冷藏保鲜整县推进试点县等十余项省级以上试点，蝉联全省乡村振兴实绩考核第一等次；乡村公共空间治理"邳州探索"被写入2020年省委1号、3号文件，被列入全国乡村治理典型案例。

一、发展富民产业，现代农业质效实现新突破

2022年粮食播种面积为191.16万亩，总产量为85.21吨，实现"十九连丰"；生猪存栏量为57.61万头（能繁母猪存栏量为6.06万头），累计出栏量为95.43万头。建成国家级现代农业产业园、国家农村产业融合发展示范园和3个省级农产品加工集中区，大蒜产业集群、肉鸡产业集群被列入全国优势特色产业集群项目。大力实施链主企业培育、雁阵集群打造计划，正大、新希望、益客等一批重大项目成功落户。全市现有农业产业化龙头企业229家，其中国家级龙头企业2家、省级龙头企业20家、市级龙头企业27家。实施农业品牌提升行动，建成全国绿色食品原料标准化生产基地49.6万亩、省级绿色优质农产品基地72.5万亩；邳州白蒜、银杏、薹干、板栗获批国家地理标志产品，邳州白蒜成为国家生态原产地保护产品，蝉联江苏省十强农产品区域公用品牌，被纳入首批受欧盟保护的中国地理标志产品，江苏黎明食品集团有限公司获省长质量奖。

二、强化支撑保障，综合生产能力得到新加强

推进高标准农田建设，2022年底累计建成高标准农田111.4万亩，占74.21%。2022年实施"机械换人"工程，促进农机装备转型升级，2022年主要农作物耕种收综合机械化率为86%，小麦、水稻和玉米三大粮食作物耕种收综合机械化率为95%，获批全国主要农作物生产全程机械化示范县。发展农业物联网，2022年建成农业物联网应用示范点18处，建成省级电商示范镇

3个、示范村9个及村级"益农信息社"477个，获批全国数字农业农村发展先进县。

三、坚持多措并举，美丽乡村建设实现新提升

深入推进以"清洁乡村、清理田园、清扫家园"为主要内容的人居环境整治提升"三清"行动，村容村貌、田园面貌、庭院卫生大幅提升。扎实推进"厕所革命"，到2022年底，累计建成农村公厕1259座，行政村实现全覆盖；改造农村户厕348 146座，农村户厕无害化普及率达到96%以上。积极推进农村道路提档升级，2022年累计硬化2669.44千米，硬化率为97.6%，农民出行更加便捷。着力打造美丽乡村，2022年累计建成省级特色田园乡村9个、徐州市特色田园乡村14个，农村环境大幅提升。推广绿色生态发展模式，获批农业绿色发展先行先试支撑体系建设试点县。

四、推进改革创新，农业农村发展增添新动能

创新实施数字赋能图码管控，对村集体土地、四旁地等资源调查指界，摸清底数、明晰产权、盘活存量，实现集体资源"一张图"管理，全面推动见底清零，因地制宜采用资源发包、资产租赁、发展村办企业等途径，加快把低效闲置的资源资产变成资本资金，促进社会公平正义和集体经济增收，2022年462个涉农村居单项工作实现平均增收9.7万元。因地制宜发展订单农业、特色农业，推进土地规模经营，积极发展"资源开发型""股份合作型"等集体经济。探索"集体经济组织+龙头企业+农户"等模式，培育壮大新型农业经营主体，带动更多农户融入产业链、分享增值收益，2022年培育1981个家庭农场、775个农民专业合作社、490个村股份经济合作社，发展各类农业社会化服务组织1100余个，实现集体和农民双增收。

第四节　农业绿色发展工作成效

一、加强全域生态环境治理，夯实绿色发展本底优势

开展"两减六治三提升"专项行动，全域生态环境显著提升。2022年，空气环境质量二级以上优良天数比例达到75%以上，PM2.5年平均浓度控制在34 μg/m³左右；年度削减化学需氧量1.68%、氨氮1%、总氮1.5%、总磷1%，水体污染、土壤污染得到有效防治。部分重点任务开展成效如下。

治理区域水环境，提高水质和水资源利用效率。2018年底再生水利用率达20%，农田灌溉水有效利用系数达0.61。定期发布水环境质量状况，确保断面水质达标。

治理生活垃圾，推进垃圾分类和有机还田。建设"户分类投放、村分拣收集、镇回收清运、有机垃圾还田"的农村生活垃圾分类处置体系。城乡生活垃圾密闭运输率、压缩转运率达到100%，生活垃圾无公害化处理率保持100%。建成600吨生活垃圾焚烧发电厂、日处理80吨城乡餐厨废弃物处理厂、日处理35吨有机易腐垃圾就地处理设施，以及有害垃圾暂存点4处、有害垃圾储存设施1处、再生资源回收网点2处、可回收物分拣中心2处。

治理黑臭水体，控制农业面源污染。建设镇级污水处理厂11个、村庄污水处理设施90个，生活污水处理率达到85%。通过建设生态沟渠、污水净化塘、地表径流集畜池等设施，农业面源污染得到有效控制。

治理畜禽养殖污染，推进生态健康养殖。2022年邳州市畜禽规模养殖场治理率达100%，规模养殖场粪污处理设施装备配套率为100%，资源化利用率为95.25%以上[22]。

二、持续推进农业绿色发展"四大行动"，农业资源利用效率进一步提高

开展农作物秸秆综合利用行动。2022年，邳州市农作物秸秆理论资源总量为102.05万吨，秸秆可收集资源量为84.32万吨，是主要农业废弃物之一[23]。为增多秸秆肥料化、饲料化、基料化、原料化、燃料化利用渠道，拓

宽秸秆"出路"，引导支持收储主体积极与秸秆终端利用企业主动对接，签订购销合同，做到秸秆有人收、收后有去处，解决收储主体后顾之忧。全市现有秸秆收储利用企业 26 家，秸秆综合利用量为 82.61 万吨，其中饲料化利用约 0.4 万吨，燃料化利用约 14.28 万吨，肥料化利用约 67.73 万吨，基料化、原料化利用约 0.2 万吨。

开展农药包装废弃物回收利用行动。邳州市坚持政府主导、社会参与的原则，通过强化宣传引导、健全回收体系、加大财政投入、强化督查考核，多措并举推动农药包装废弃物回收利用工作落实落细。2022 年，全市农药包装废弃物累计回收处理 155 吨，其中袋装回收物 23.5 吨、瓶装回收物 126.5 吨。健全回收利用体系。严格按照江苏省和徐州市部署要求，全面建成"农药经营使用者、村、镇、市四级回收"+"专业处理"的农药包装废弃物回收处理模式，全市建成村级回收点 1082 个、农药包装废弃物存储站 26 个。与邳州市田丰农业废弃物处理有限公司签订了转运协议，并与光大环保能源（邳州）有限公司签订无害化处理合同。加大财政投入支持。对全市农药包装废弃物回收处置体系、运行机制建设等环节予以财政资金扶持，鼓励引导农户和经营主体对田间地头农药包装废弃物进行捡拾并及时移交回收站。2022 年，邳州市财政投入资金 152 万元，完成市域范围内 155 吨农药包装废弃物回收工作。强化宣传引导。印发《农药包装废弃物回收处置告知书》等宣传材料 80 万份，制作宣传横幅 550 条，制作音频播放素材，做到村村悬挂横幅、播放音频，户户签订告知书，营造"谁使用，谁回收"的浓厚氛围。

开展废弃农膜回收利用行动。邳州市覆膜作物主要有两类：一是露地覆盖地膜栽培的大蒜、土豆、牛蒡、洋葱、春播鲜食毛豆和鲜食花生，覆膜面积为 46.67 万亩，使用地膜总量为 1366.35 吨，回收量为 1131.19 吨，回收率为 82.8%；二是设施栽培的茄果类、瓜类、甘蓝类及胡萝卜、莴苣、西甜瓜、草莓，同时覆盖棚膜和地膜，覆盖棚膜面积为 1.61 万亩，使用棚膜总量为 1127 吨，回收量为 1093.7 吨，回收率为 97.05%；覆盖地膜面积为 1.5 万亩，地膜使用总量为 36 吨，回收量为 28.9 吨，回收率为 80.28%。为扎实做好废旧农膜回收利用工作，邳州市坚持废旧地膜必须离田的原则，以完善市、镇、村三级废旧农膜回收网络为重点，以创建标准化示范站为支撑，以指标考核为抓手，强化督查抓落实。对于利用价值不高的废旧地膜，由镇、村回收网点进行回收，纳入农村生活垃圾处理体系，统一运送至光大环保能源（邳州）有限公司用于生物发电；对有再利用价值的废旧地膜，由农户自行卖给回收网点或废品回收公司。目前全市有回收网点18个、回收企业11家、加工利用企业3家，年回收能力达3000吨，加工能力达15 000吨。

开展绿色种养循环行动。坚持"政府引导、企业负责、种养对接、循环利用"原则，以部级绿色种养循环试点县项目建设为契机，以推进粪肥就地就近还田利用为重点，以培育粪肥还田服务组织为抓手，通过项目实施探索形成养殖场户、服务组织和种植主体紧密衔接，可复制、可推广的运行机制和服务模式，支撑推动绿色种养循环农业加快发展[24]。围绕邳州市主要农作物需肥特点，根据不同地力条件、不同作物种类、不同产量目标，科学确定粪肥还田主推技术模式，形成"腐熟粪肥＋机械深施""腐熟粪肥＋水肥一体化""商品有机肥＋配方肥""沼液＋配方肥"四大技术路径。培育社会化服务组织5家，种养循环试点面积为10.6万亩，粪肥（沼液）安全还田20.7万亩，2021年、2022年全市畜禽粪污资源化利用率分别为96.7%、98.6%。

三、积极构建支撑体系，实施质量兴农行动

优化产业布局，建立绿色农业产业基地。大力推广农产品种植、加工、管理等标准体系，推动区域公用品牌、企业品牌和农产品品牌"三牌同创"。获批绿色食品有机农产品认证52个、省级以上出口农产品示范基地17个。建成省级绿色优质农产品基地72.5万亩、全国绿色食品原料标准化生产基地49.6万亩，全市绿色优质农产品占比达到75.8%；宿羊山镇大蒜基地成功入选全国第一批种植业"三品一标"（品种培优、品质提升、品牌打造、标准化生产）基地。

制定生产标准，加快绿色农业技术推广。探索了轻简化栽培、水旱轮作、合理密植、水肥一体化、定量施肥、侧条施肥、双色膜覆盖栽培、病虫害绿色防控、连作障碍防控、有机肥替代化肥、科学分等分级、标准化栽培等作物优新配套生产技术标准。例如，在大蒜生产中，全市建立大蒜标准化示范区10个，引进培育和示范推广新品种10个以上，企业联合科研机构先

后制定《大蒜生产技术规程》《大蒜地膜覆盖栽培及回收技术规程》等国家、省级地方和企业标准20个；在银杏生产中，形成了《银杏播种育苗技术规程》《银杏叶生产技术规程》《银杏叶用林高产优质栽培技术规程》等多项生产技术标准；在水稻生产中，推广了水稻钵苗机插高产栽培技术、机插施肥一体化技术等高产、轻简化栽培技术，以及稻田养鸭、养虾等绿色稻田综合种养模式，推广了水稻微喷灌育秧、侧深施肥插秧等节水节肥绿色生产技术；在小麦生产中，推广了适宜当地的小麦机械匀（条）播技术、秸秆还田小麦全苗壮苗技术、病虫害统防统治技术。

培育经营主体，完善绿色农业经营体系。2022年，农业龙头企业销售收入为227亿元。农民合作社789家，其中国家级示范合作社5家、省级示范合作社17家、徐州市级示范合作社15家，注册成员1.8万户。家庭农场2012家，其中省级示范家庭农场43家、徐州市级示范家庭农场39家。

加大财政补贴，增强绿色农业支撑保障。围绕生态环境整治，实施国家秸秆综合利用试点项目，利用试点县1000万元的奖补资金，引导企业建成全市秸秆收储利用体系。用好畜禽粪污资源化利用整县推进项目3500万元奖补资金，带动企业投资4100万元，建成全县畜禽粪污资源化利用体系。围绕农业资源保护，推进部级耕地轮作试点项目实施，利用2250万元补助资金，实施大蒜（小麦）–大豆轮作、小麦–花生（甘薯）轮作等绿色生产模式5万亩。创新农机购置补贴办法，全力保障支持农业绿色发展机具的补贴需要，大力推广绿色高效机械化技术，重点支持精准施药、化肥深施、秸秆机械化还田收储等绿色生产机械；着眼主要农作物轻简化栽培，重点补贴高性能插秧机、高效植保机和粮食烘干机械；对承担无人植保机等新产品的试点单位进行补贴。

四、开展绿色种养循环农业试点工作

自2021年起，邳州市作为全省绿色种养循环农业试点县之一，坚持"创新机制强主体，安全还田壮耕地"的目标，探索粪肥还田技术模式，以培育培强集粪肥收集、处理、配送、施用于一体的专业化服务组织为抓手，通过田间试验、效果监测与粪肥追溯监测进行三级监测，结合领导小组监管和第三方核查监管，实行五级联控，确保"作物、面积、目标、主体、责任"五落实，初步构成养殖主体、服务组织和种植主体三方链式合作机制，合力推动粪肥就近就地安全还田，促进耕地质量提升和农业绿色发展。

（一）开展田间试验，确定主推技术模式

根据邳州市主要农作物需肥特点、目标产量、主要土壤地力水平，2021—2022年落实大蒜粪肥与配方肥基肥减肥提质增效试验、大蒜"两减一替"试验等田间试验共15个，在大蒜上主推"腐熟粪肥基施＋配方肥＋机械深施"技术模式，每亩施用腐熟粪肥300～400千克，替代化肥20%～30%，实验区大直径（≥6 cm）蒜头占50%以上，项目区实现产量提升5%，亩增有机肥投入160元，减少化肥投入75元，增收最高可达950元。

（二）设立监测点位，数字体现监测效果

建立20个腐熟粪肥还田和沼液无害化还田效果跟踪监测点（横向监测），设立示范对比田20个（纵向监测），监测项目区粪肥还田前后效果，综合分析项目区监测点在项目实施前后土壤养分、作物产量、作物品质的变化。

土壤性状综合向好：土壤pH值变化不大；土壤有机质含量呈上升趋势；土壤全氮含量和碱解氮含量均略有上升；土壤全磷含量略有上升，土壤有效磷含量几乎不变，部分样点还有下降的趋势；土壤全钾含量和土壤有效钾含量增加趋势较为明显；土壤容重呈现下降的趋势，阳离子交换量变化幅度不大；项目区耕地等级较对照区上升0.4级。综上分析，随着大量粪肥施入翻耕，有机质含量大幅增加，提高了土壤的通气性和孔隙度，土壤更利于大蒜根系呼吸与生长。

产量品质均有提高：项目区施用粪肥处理作物产量结果与农户常规施肥对比，大蒜增产范围在2.99%～4.88%，大蒜平均增产3.69%，硝酸盐含量下降幅度在5%～10%，可溶性糖含量平均增幅为3.10%，大蒜素含量基本保持不变。

（三）深入开展宣传，提炼优秀典型案例

每年开展宣传周活动，举办专题培训，围绕耕地质量提升主线目标，召开"粪肥机械深施＋配方肥"技术模式现场观摩会，推广化肥减量和有机替代技术模式,被徐州、邳州等电视媒体广泛报道,带动更多蒜农参与应用,2022年实现大蒜有机肥基施全覆盖。

结合地区种植特色与服务主体还田任务,从技术赋能、平台赋能、生态赋能3个方面分别提炼"邳州绿色种养循环农业运营模式和技术模式""政企合作促进绿色种养循环双赢模式""打造智能化信息化绿色生态循环农业典范"3个典型案例。

第三章
邳州农业绿色发展 SWOT 分析

第一节　优势分析

一、区位优势

邳州市位于江苏省最北部，隶属徐州市，地处徐州和连云港之间，陇海铁路、霍连高速公路和京杭大运河穿境而过，是江苏、山东、安徽和河南的接壤地区，位于徐州市都市圈中部，观音、临沂、连云港三大机场一个半小时车程即到。西面是工业名城、历史文化名城徐州，东面是新亚欧大陆桥"东方桥头堡"连云港，具有独特的区位优势。优越的地理区位为邳州市绿色农业发展提供优越的地理环境，便利的环境为邳州市绿色农业生产要素提供了便利条件。

邳州市位于淮海经济区的中心地带，交通便利，往来东西，沟通南北，具有天然的优势[25]。邳州市也是"一带一路"沿线重要的节点城市[26]，属于国家层面的重点开发区域。

二、生态环境优势

邳州市位于江苏省北端，地处中纬，属半湿润暖温带季风气候区。这里四季分明，热量丰富，光照充足，雨量充沛，十分有利于植物生长，动植物种类丰富，雪山草鸡、野菱、水杉等物种被列为遗传资源保护品种。这样的生态环境和优越的气候条件为实现绿色农业奠定了基础，为各类农作物生长提供了优越的自然条件。

三、农业资源优势

水田面积为 51.31 万亩，水浇地面积为 7.42 万亩，旱地面积为 91.37 万亩。土壤大部分为潮土类黄潮土亚类，土壤 pH 值为 7.2～7.5，有机质平均含量为 1%～3%，含氮量为 0.05～0.09 μg/g，速效磷平均含量为 3.4～7.8 μg/g，速效钾平均含量为 60～100 μg/g，土层厚度为 60～100 cm。邳州市土壤腐殖积累过程较弱，地势平坦，土层深厚，水热资源较丰富，适种性广，适宜种植各类旱作作物。

四、品牌带动优势

近年来，邳州市大力实施品牌战略，加快实现农产品由"邳州制造"向"邳州标准"的提升，提升特色品牌市场竞争力。构建农业标准生产体系，大力推广种植、加工、管理等标准体系，牵头制定国家标准 1 项、地方标准 18 项，大力推广种植、加工、管理等标准体系，做到种植有规范、质量有标准、生产有流程、产品有标志、市场有监测。推动新型经营主体按标生产，增加绿色优质农产品有效供给。建强绿色优质种植基地。连续 3 年实施全国有机肥替代化肥试点县、农作物秸秆综合利用试点县、土地轮作试点县项目，整县推进全国畜禽粪污资源化利用项目，推动药肥减量增效、废弃物综合利用、耕地质量改善、产品安全优质。49.6 万亩大蒜获批全国绿色食品原料标准化生产基地，建成省级绿色优质农产品基地 72.5 万亩，全市种植业绿色优质农产品比重为 75.8%。获批全国农业绿色发展先行先试支撑体系建设试点县。实施农业品牌提升行动，邳州白蒜、银杏、薹干、板栗获批国家地理标志产品，邳州白蒜成为国家生态原产地保护产品，荣获江苏省十强农产品区域公用品牌，被纳入首批受欧盟保护的中国地理标志产品；培树"喜儿"系列农产品，"邳州炒货"启动全国连锁。

第二节 劣势分析

一、农业极端气候灾害增多，常受旱涝灾害侵袭

邳州市年平均降水量为 853.2 mm，随季节的变化，降水的年内分配极不均匀，年内降水量大多集中在夏秋两季，汛期（6—9 月）平均降水量较多，容易造成水灾。冬春平均降水量较少，容易造成旱灾。主要气象灾害有旱、涝、霜冻、冰雹等，旱灾约三年两遇，冰冻雹灾平均每年一遇。2015—2019 年邳州市多次遭受台风、风雹、冷冻灾害，对农作物造成不同程度的损害。

二、水资源时空不匹配

水资源保障程度不足，利用效率总体偏低。一是部分河道存在水生态环境恶化的现象，河道纳污量远超河道自净能力，部分河道长期不疏浚，河道淤积拥堵。二是局部地区资源型、季节性缺水问题依然突出，特别是北部省界地区及占城、戴庄、燕子埠等山区的水源保障问题仍未得到有效解决。三是水资源利用效率总体偏低，利用方式仍较粗放。尤其是用水大户农业的灌溉水利用系数提高有限，水资源供需矛盾未得到根本缓解，迫切需要加大节水资金投入，改善缺水地区供水条件。

三、服务网络需提升

绿色农产品市场流通体制不完善。邳州市主要绿色农产品生产基地分布在农村等偏远地区，然而绿色农产品的主要消费人群集中在大中城市，绿色农产品流通亟须形成统一健全的营销服务网络。

第三节　机遇分析

一、政策机遇

绿色农业发展是新时期农业的发展方向。《全国乡村产业发展规划（2020—2025年）》明确指出，推进绿色兴农、品牌强农，坚持绿色引领，践行绿水青山就是金山银山理念，开发绿色生态、养生保健等新功能新价值。2022年中央一号文件提出："推进农业农村绿色发展。加强农业面源污染综合治理，深入推进农业投入品减量化，加强畜禽粪污资源化利用，推进农膜科学使用回收，支持秸秆综合利用。建设国家农业绿色发展先行区。开展农业绿色发展情况评价。"绿色农业是今后农业发展的重点方向和重要目标。

二、绿色农业受重视

江苏省人民政府在《省政府关于推进绿色产业发展的意见》中提出，要全面提升绿色产业竞争力，增强绿色农业发展新优势。推动粮食生产功能区、重要农产品生产保护区建设，积极发展绿色有机种植和生态健康养殖业，打造一批优质稻米、绿色蔬菜产业化基地，畜禽生态健康、水产健康养殖示范基地，积极创建国家绿色农业发展先行区。助推邳州绿色农业新一轮大发展。江苏省组织省级农业生态保护与资源利用补助专项资金项目，支持各地开展秸秆收储和多种形式利用等秸秆综合利用工作，助力绿色农业发展。上面提到的办法为建设邳州绿色农业提供了良好的物质基础。

第四节　挑战分析

一、绿色贸易壁垒的挑战

绿色贸易壁垒已经成为国际贸易中非关税保护的重要办法，对国际农产品贸易造成了很大影响。同时，世界经济不平衡的实际情况，使得很多发达国家对环保的标准已经明显高于发展中国家。许多"一带一路"国家也对进口农产品提出了更为严格的检验检疫要求，如提高注册要求、增加证书种类、增加检疫项目等，给邳州市出口食品企业带来一定的阻碍。所以，实现绿色农业，首先要使用各种技术，提高产品质量，优化环保内容，实现各种技术和安全内容、包装、标签规范共同发展，不断满足消费者日益增加的消费需要。

二、周边城市竞争

近几年，江苏省着力稳住农业基本盘，守好"三农"战略后院，乡村振兴取得新的进展，农业生产持续增强。盐城市、淮安市、宿迁市等周边城市农林牧渔业产值增加值稳定增长，种植业生产结构进一步优化，农业形势呈现平稳发展的态势。外部地区同品种优质低廉绿色农产品充斥市场，形成强劲竞争局面。

第四章
农业绿色发展总体目标及任务

第一节 总体目标

一、总体思路

牢固树立绿水青山就是金山银山理念，以绿色技术体系为核心，开展技术应用试验，建设长期固定观测站，为农业绿色发展提供科学可靠的数据支撑。建设完善绿色产业体系，调整优化农业结构，转变农业发展方式，着力开展绿色导向技术模式的集成应用。发挥先行区优势，整合农业绿色发展政策、项目、资金、人才等各类资源，逐步建立完善绿色标准体系、绿色经营体系、绿色政策体系、绿色数字体系，形成区域农业绿色发展整体解决方案，示范引领苏北地区乃至黄淮海地区农业绿色发展。

二、建设目标

1. 总体目标

经过3年的努力，到2022年底，全市农业绿色发展技术体系、产业体系、标准体系、经营体系、政策体系、数字体系基本建立，考核评价制度、重要农业资源台账制度基本完善。

2. 具体目标

2020年，全面启动支撑体系建设，建设技术应用试验基地2万亩，基本完善长期固定观测试验站基础设施。扩大绿色农产品种养规模，建成绿色高效生产示范基地52万亩。

2021年，重点开展技术应用试验，分析研究试验结果。开展技术应用示范，建设绿色高效生产示范基地34万亩。推广农业绿色生产经营模式，开展气象要素、水分要素、土壤要素、生物要素和绿色发展动态指标五大类指标的固定观测。

2022年，深入开展技术应用试验，分析研究试验结果，初步建立绿色农业技术体系，为农业绿色发展提供技术支撑和数据支撑。开展技术应用示范，建设绿色高效生产示范基地24万亩，共计建成110万亩。农业绿色发展模式全面推广，农业绿色发展理念深入人心，绿色农业产业体系、标准体系、经营体系和政策体系逐步完善，农业绿色生产迈上新台阶。

第二节 重点任务

一、建立和完善绿色农业技术体系——开展技术应用试验

针对制约农业绿色发展的突出问题，结合主导产业布局，选择赵墩镇、宿羊山镇、车辐山镇稻-蒜轮作主产区，正大生猪标准化规模养殖场、益客肉鸡标准化规模养殖场等2个大型养殖场，徐州黎明食品有限公司、邳州长勺农业有限公司、徐州技农生态农业科技有限公司等3家龙头企业，建设技术应用试验区2万亩，集中连片开展稻田综合种养、稻-蒜轮作轻简化栽培技术、大蒜地膜应用及回收技术等3项绿色种养试验。

1.稻田综合种养技术应用试验

近年来稻田综合种养已成为稳定地区粮食生产、促进农民增收的亮点产业，不仅有效解决种养争地，实现"一水两用、一亩双收"，还可以减少化肥农药的施用量，提高水稻品质，技术推广前景广阔。但目前适应邳州地区的稻田综合种养技术仍不完善，如虾沟随意开挖、虾苗随意投放、养分管理不当等，导致养殖效益不好。

（1）试验目标。本试验旨在通过对稻田实施工程化改造和科学化管理，

构建稻虾共生生态系统，探索建设成本低、养殖效益高的稻田综合种养技术，开展稻虾综合种养预计比单独种水稻亩均增产小龙虾100～150千克，水稻综合效益提高10%以上，亩均增收3000元以上，为稻田综合种养在邳州大面积推广提供理论依据。

（2）试验内容与要点。本试验主要针对稻虾综合种养技术，主要试验研究虾沟的深度，虾沟面积占稻田面积的比例，虾沟内水草种植种类和种植面积，龙虾放养时间和放养模式（投放种虾、抱卵亲虾或幼虾），稻田秧苗种植时间，稻田水位调节，稻田施肥种类、施肥方式及施用量，龙虾投饵时间、投饵种类及投饵量，水稻、龙虾收获时间、收获方式等，建立和完善稻虾综合种养技术体系。

（3）实施地点与规模。试验地点位于车辐山镇、赵墩镇，试验规模为5000亩，试验基地现状为水稻种植基地，土质肥沃，土壤保水力较强，渗漏力小，基地水源充足，水质良好，适合开展稻虾综合种养。

（4）承担单位。承担单位为邳州市农业农村局，实施单位为车辐山镇农技推广中心，建设单位为邳州长勺农业有限公司，其中邳州市农业农村局种植业科主要负责试验方案设计、试验实施指导，车辐山镇农技推广中心主要负责试验数据收集整理分析等工作，邳州长勺农业有限公司主要负责试验基地建设、试验生产具体实施、基地管护等工作，协助车辐山镇农技推广中心做好试验数据收集整理分析等工作。邳州市农业农村局现有工作人员530人，其中中高级职称以上科技人员有64人，近3年主要进行有机肥替代化肥、农作物秸秆综合利用、农业生态循环、大蒜精深加工等方面科研工作。邳州长勺农业有限公司是专业从事现代生态农业综合开发的科技创新型企业，当前员工有22人，其中管理人员6人、工作人员16人。

（5）技术依托单位。技术依托单位为中国农业科学院农业环境与可持续发展研究所和徐州工程学院。具体工作开展以专家技术团队成员严昌荣、王欲晓、李超、曹文平、杨华美、黄菊、胡其颖为主。

2. 稻－蒜轮作轻简化栽培技术应用试验

稻－蒜轮作具有改良土壤、抑制病虫、防止杂草、提高大蒜水稻产量和品质等诸多优点，但传统水稻种植需要大量人工，近年来由于农村劳动力成本大幅增加，而稻-蒜轮作轻简化栽培技术尚不成熟，稻-蒜轮作种植面积有减少趋势。

（1）试验目标。本试验围绕水稻、大蒜全程机械化和水肥一体化开展研究，旨在探索形成用工少、生态环保、质量效益高的稻-蒜轮作轻简化栽培技术，预计比传统种植每亩减少劳动力5人，每亩提高经济效益1000元以上，为稻-蒜轮作绿色种植模式提供有力技术支撑。

（2）试验内容与要点。针对稻-蒜轮作轻简化栽培技术，试验内容主要包括水稻全程机械化技术试验、大蒜全程机械化技术试验和大蒜水肥一体化技术试验，建立完善稻-蒜轮作轻简化栽培技术体系。水稻全程机械化技术主要试验研究水稻耕整地、种植、高效植保、收获、产地烘干、秸秆处理等环节全程机械化农机具配套方案、操作规程，以及集约化育秧、侧条施肥、绿色防控、秸秆还田等关键技术。大蒜全程机械化技术主要试验研究大蒜耕整地、种植、收获、施药、运输、分拣等关键环节全过程机械化农机具配套方案、操作规程，以及大蒜覆膜栽培、绿色防控、秸秆还田等关键技术。大蒜水肥一体化技术主要试验研究施肥时间、施肥种类、水肥配比等。

（3）实施地点与规模。试验地点位于宿羊山镇，稻-蒜轮作轻简化栽培技术应用试验基地共5000亩，其中包括水稻全程机械化试验基地5000亩、大蒜全程机械化试验基地4000亩、大蒜水肥一体化试验基地1000亩。试验基地现状均为稻-蒜轮作种植基地。

（4）承担单位。承担单位为邳州市农业农村局，实施单位为宿羊山镇农技术推广中心，建设单位为徐州黎明食品有限公司，其中宿羊山镇农技术推广中心主要负责试验数据收集整理分析等工作，徐州黎明食品有限公司主要负责试验基地建设、试验生产具体实施、基地管护等工作，协助宿羊山镇农技术推广中心做好试验数据收集整理分析等工作。徐州黎明食品有限公司成立于2002年，是集农副产品收购加工、冷储保鲜、科技创新、产品研发、出口贸易、电子商务、信息物流、境外投资等于一体的农业产业化国家级重点龙头企业。公司拥有省商检备案的8.93万亩优质出口大蒜种植基地，2016年自营出口创汇1.66亿美元，连续8年位居江苏省同类农产品出口榜首。

（5）技术依托单位。技术依托单位为中国农业科学院农业环境与可持续发展研究所和徐州工程学院。具体工作开展以专家技术团队成员严昌荣、王欲晓、李超、曹文平、杨华美、黄菊、胡其颖为主。

3.大蒜地膜应用及回收技术长期定位试验

地膜覆盖是邳州大蒜生产必备的技术措施，全市 60 多万亩大蒜种植面积实现了 100% 的地膜覆盖。地膜覆盖增温保墒、抑制杂草等功效极大地推动了邳州大蒜产业的发展，使其成为邳州市农业发展的主导产业，每年为农民带来 100 多亿元的产值。与此同时，随着邳州大蒜地膜应用时间的延长，投入量增加，以及大量脱标超薄地膜的使用，地膜没有得到有效回收，导致农田地膜残留污染日益严重，已成为邳州农业生产中面临的一个重要问题和挑战。

（1）试验目标。本试验通过开展大蒜地膜应用及回收技术长期定位试验，试验推广生物降解地膜新产品，高强度易回收地膜应用和配套回收机具，为解决邳州及周边区域大蒜生产提供技术支撑。

（2）试验内容与要点。本长期定位试验重点开展大蒜生物降解地膜试验研究、不同高强度 PE 地膜应用和配套回收机具在大蒜生产上的应用试验，建立完善大蒜地膜应用及回收技术体系。其中大蒜生物降解地膜试验研究主要开展不同生物降解地膜产品在大蒜生产上的应用试验，明确生物降解地膜的生物降解性、机械强度、增温性能、保墒性能、投入成本等各种性能指标，筛选大蒜专用的生物降解地膜新产品；不同高强度 PE 地膜应用和配套回收机具在大蒜生产上的应用试验主要探究不同地膜强度对大蒜出苗、农田温度、水肥利用、大蒜产量和地膜回收等方面的影响，为验证和选择不同可回收地膜产品和机具提供实际数据。

（3）实施地点与规模。试验地点位于宿羊山镇、赵墩镇，试验示范用地为 1 万亩。试验基地目前均为大蒜种植基地。

（4）承担单位。承担单位为邳州市农业农村局，实施单位为宿羊山镇农技术推广中心，建设单位为徐州技农生态农业科技有限公司，其中徐州技农生态农业科技有限公司主要负责试验基地建设、试验生产具体实施、基地管护等工作，协助宿羊山镇农技术推广中心做好试验数据收集整理分析等工作。徐州技农生态农业科技有限公司成立于 2017 年，该公司的主要服务范围为生态农业技术服务和推广、农作物种植和销售、有害生物防治服务、农机作业服务、土壤修复服务、农产品质量安全检测服务等；公司现有员工26人，其中农业助理20人、农艺师4人、高级工2人；公司常年与江苏省农业科学院、徐州市农业科学院合作推广新技术新品种新模式。

（5）技术依托单位。技术依托单位为中国农业科学院农业环境与可持续发展研究所和徐州工程学院。具体工作开展以专家技术团队成员严昌荣、杨正礼、刘恩科、何文清、董雯怡、刘勤、张爱平为主。

二、建设和完善绿色农业标准体系

依托中国农业科学院、江苏省农业科学院、南京农业大学、徐州市农业科学院等科研院所和技术应用试验承担单位，以现有国家标准、行业标准为基础，结合邳州市绿色农业产业发展实际，开展稻田综合种养、稻－蒜轮作轻简化栽培、大蒜地膜应用及回收等方面的标准制定工作，覆盖主导产业产前、产中、产后全过程。

通过稻田综合种养技术应用试验研究，制定完善稻虾综合种养田间工程、稻田水质环境、投入品质量安全、农药残留、稻虾质量安全评价与检测、小龙虾冷链运输等标准，建立稻虾综合种养标准体系。

通过稻－蒜轮作轻简化栽培技术应用试验研究，制定完善稻－蒜轮作产地环境、投入品质量安全、农药残留、大蒜质量安全评价与检测、大蒜加工质量控制、大蒜安全存储等标准，建立稻－蒜轮作轻简化栽培标准体系。

通过大蒜地膜应用及回收技术长期定位试验研究，制定完善大蒜种植采用的生物降解地膜、高强度PE地膜和配套回收机具的技术标准，建立大蒜地膜应用及回收技术标准体系。

三、建设和完善绿色农业产业体系

1. 扩大绿色农产品种养规模

（1）推进粮食绿色生产。推进高标准农田建设、耕地轮作休耕，推进水稻机械化育插秧、水稻侧深施肥、玉米免耕机械播种、小麦秸秆机械粉碎还田等关键技术集成应用，推动水稻－小麦、小麦－玉米周年生产全程机械化，开展粮食绿色高产高效生产基地建设。大力发展种养结合、生态循环农业，2022年，水稻、小麦等粮食优质、绿色生产基地规模达110万亩。大力开展粮食高产高效创建，每年建设水稻、小麦、玉米高产高效绿色示范片5万亩。积极推广稻田综合种养、稻–蒜轮作、蒜套玉米、大蒜–大豆轮作等绿色发展模式，稻田综合种养规模达5万亩，积极争取创建省级稻田综合种养示范区。

（2）打造绿色大蒜基地。以宿羊山、赵墩、八义集、邳城、碾庄、车辐山等乡镇为重点，打造绿色大蒜种植基地。一是推进稻–蒜轮作标准化生产基地建设，推广稻–蒜轮作轻简化栽培技术，2022年全市建成15万亩稻–蒜标准化生产基地。二是推进大蒜出口备案生产示范基地建设，按照备案基地建设要求，开展对基地的土壤、空气和水分的监测，完善生产基础设施，建设高标准大蒜出口备案基地20万亩。三是推进绿色大蒜标准化种植示范基地建设，推广应用规范的种植模式，推进大蒜地膜回收利用，提高大蒜绿色标准化生产水平，50万亩大蒜绿色标准化示范基地条件明显提升。

（3）做优特色经济作物。立足各镇特色，依托现有基础，提升设施装备条件，提高高效节水、节肥、节药等清洁化标准化水平，做优、做强设施蔬菜、设施水果、设施花卉等特色经济作物。设施蔬菜种植以新河、邹庄、邢楼、港上、燕子埠等乡镇为重点，2022年设施蔬菜基地规模达18万亩（含燕子埠、车辐山、岔河镇高亢地区日光温室基地2万亩）。设施水果种植以港上、邹庄、张楼等乡镇为重点，2022年设施水果基地规模达5万亩。设施花卉以八路镇花卉产业园区建设为重点，突出蝴蝶兰、凤梨等优势品种，2022年设施花卉基地规模达2万亩。

（4）推进畜禽健康养殖。按照"种养结合、畜地平衡"，推进生猪、肉禽、蛋禽、肉兔标准化规模养殖基地建设，2022年全市生猪出栏量为100万头左右，肉禽出栏量近5000万羽，蛋禽存栏量为300万羽以上，肉兔出栏量为2000万只左右。其中，生猪养殖以岔河镇为核心，以正大集团为龙头，辐射带动邳州市西北部乡镇；肉禽以新河镇为核心，以益客集团公司为龙头，辐射带动新河、八路、邳城、官湖等乡镇；肉兔以徐州东方养殖有限公司为龙头，辐射带动官湖、议堂、土山、新河、八路、燕子埠、车辐山等乡镇，推动邳州市建成全国最大肉兔生产基地。养殖区着力推进标准化养殖场（小区）建设，在场址布局、栏舍建设、生产设施配备、良种选择、投入品使用、卫生防疫、粪污处理等方面严格执行相关标准和规定，2022年，全市畜禽生态健康养殖场区比例达到80%以上。

2. 做强绿色农产品加工流通

（1）加强农产品产地加工。粮食产业重点支持建设新型经营主体配套烘干、仓储等设施设备；大蒜产业支持建设清选分级车间、保鲜大蒜加工车间、包装车间、恒温保鲜库、冷藏库等设施设备；蔬果花卉产业支持建设清洗、分级、预冷、保鲜、包装等设施设备；畜禽屠宰加工企业支持建设屠宰设备、流水线、冷藏冷冻、冷链运输、包装仓储、检验检测、污水处理设备等基础设施。支持企业拓展精深加工，进一步促进精深加工产品创新和设施装备建设，提高农产品精深加工转化率，提升商品化处理水平和产品附加值。

（2）完善绿色农产品产销链条。健全农产品等级规格、品质评价、产地初加工、农产品包装标识、田间地头冷库、冷链物流与农产品储藏标准体系。建立覆盖大蒜、水稻、蔬果、禽肉等主要农产品繁育、生产、加工、运输、仓储、销售等环节的全程物流体系。实施田头市场标准化建设工程，加快建设田头市场，重点开展地面硬化、称重计量、商品化处理、储藏保鲜、质量检测、信息服务等基础设施建设。改造提升大蒜交易市场，配套建设冷藏冷冻、物流配送、信息服务、电子结算、电子监控等基础设施，建成具有集中采购、跨区域配送能力的现代化产地物流集散中心。

3. 培育农业绿色发展新业态

依托银杏、大蒜、花卉等优势特色产业，银杏博物馆、大蒜博物馆等科普教育基地，银杏大道、艾山风景区、银杏湖湿地等休闲观光景点，宿羊山蒜香小镇、港上银杏博览小镇、占城药旅小镇、铁富姚庄银杏创意观光园、高新区风情创意古栗园等特色小镇，以及邳州市乡村公共空间治理的成功经验，加快推动科技、教育、人文等元素融入农业，推动生产者、消费者、服务者的多维度深层次对接，发展共享农庄、体验农场、创意农业、休闲农业和特色文化产业等农业绿色发展新业态。

四、建设和完善绿色农业经营体系

1. 健全绿色农资经营网络

（1）优化升级农资商品结构。稳步提高生态环保型农资商品在邳州市农资市场的经营占比。发挥市供销社系统作用，以供销社系统农资经销企业为示范，带动全市农资经销企业树立绿色经营理念，加大有机肥、生物化肥、低毒生态高效农药、可降解地膜等生态环保型农资采购经营比重。依托绿色生产技术试验等，通过试验对比、示范展示等措施，推广生态环保型农资，推动农业生产方式转变。

（2）强化农资监管。深化农资市场监管，紧扣春耕、夏种、秋播等重点时节，突出种子、化肥、农药、农膜等重点品种，开展农资质量抽检工作，加强流通领域农资商品监管执法，始终对农资市场违法行为进行严管、重打。完善农资经营者日常监管机制，建立健全信息公示平台，加强随机抽查和重点检查等日常监管工作。切实做好绿色环保型农资经营、市场监管知识、消费维权等宣传，形成绿色农资经营的良好社会环境。

（3）加强农业服务中心建设。以镇域为服务单元，健全完善各镇农业服务中心，提高"一站式"服务能力和水平。增加农业服务中心专业技术人员配置，强化农业服务中心绿色农资供应、绿色生产技术培训等职能。

2. 加快新型经营主体培育

（1）发挥新型经营主体骨干带动作用。实施新型农业经营主体培育工程，鼓励通过多种形式开展适度规模经营，将新型经营主体培育成为推进绿色发展的主力军。完善家庭农场人才培育机制，提升家庭农场主质量控制能力，截至2022年，全市重点培育家庭农场、种养殖大户300家以上。支持农民专业合作社质量提升，鼓励发展农民专业合作社联合社和产业化联合体，示范带动区域内小农户发展优质农产品，培育提升农民专业合作社260家以上、省级以上示范社8家以上。不断壮大农业产业化龙头企业，建立现代企业制度，发挥龙头企业在生产、加工、销售全过程的质量控制标杆作用，提升优势主导产业整体绿色发展水平，全市徐州市级以上龙头企业达到49家，其中国家级龙头企业2家、省级龙头企业20家。

（2）壮大新型职业农民队伍。依托新型职业农民培育工程，大力实施现代青年农场主培养计划、新型农业经营主体带头人轮训计划和农村实用人才带头人培训计划，把绿色发展的知识技能作为培训内容，年均培训新型职业农民3000人以上。推动全面建立职业农民制度，强化政策激励，引导有志青年加入职业农民队伍，鼓励大学生、返乡农民工投身绿色发展建设。

3. 发展农业专业化服务组织

（1）强化公益性服务。建设完善市综合服务平台、乡镇综合服务中心、村级服务站点组成的三级服务网络，改善办公条件，配备专业人才队伍，完善经费保障和激励机制，提供农产品绿色生产全链条的技术服务。

（2）激活经营性服务。发展优质农资供应服务，鼓励种业、肥料、农药等龙头企业开展农资连锁经营。支持服务组织在粮食与大蒜等良种推广、良种良法配套、蔬菜集约化育苗、绿色生产技术指导、栽培管理等环节向农民提供全程服务。发展农机作业及配套服务。支持社会化服务组织发展绿色生产服务，提供代耕代种、农机作业、病虫害绿色防控等服务。

（3）推进公益性与经营性服务融合发展。开展政府购买经营性社会化服务试点。研究制定政府购买公益性服务的指导性目录，明确服务种类、性质和内容，向经营性服务组织重点选择购买一批易监管、可量化的服务项目。发展农业综合信息服务。以农业物联网、云计算和大数据为基础，搭建邳州市农业信息技术服务平台，联合邳州市农业长期固定观测站，进行气象、病虫害、疫情、市场等信息的采集、分析、发布；定期发布重点产品价格信息，增强价格信息及时性和农民的可及性；加强市场供求形势研判，实现市场运行风险预警；支持新型服务组织为农户和新型经营主体提供个性化农业信息定制服务，提高服务的精准性和有效性。

4. 建设邳州绿色农产品品牌

（1）培育区域公共品牌。全力唱响"大运河畔·邳州臻品"地域公共品牌。大力推进邳州大运河畔系列产品品牌和地理标志商标注册，集合邳州白蒜、银杏、薹干、板栗等国家地理标志农产品优势，建立"大运河畔·邳州臻品"品牌集群。以"小萝卜头"精神等红色文化和邳州市地方传统文化为基础，挖掘、开发、保护、利用银杏博览园、古栗园、王杰纪念馆等资源，强化品牌文化内涵，推动"大运河畔·邳州臻品"地域公共品牌与地方特色文化的深度融合，丰富品牌衍生价值。

（2）培育特色企业和产品品牌。以企业为主力军，加强品牌培育和商标注册，加快形成一批具有较强竞争力的品牌产品和驰（著）名商标。支持邳州白蒜、宿羊山白蒜等优势绿色农产品品牌做大做强，切实落实品牌奖励政策。支持新型经营主体注册农产品商标，鼓励申报驰（著）名商标、名牌产品等。截至2022年，全市拥有中国驰名商标1个、中国名牌农产品1个、江苏省名牌产品5个、省著名商标3个、境外商标3个。

（3）优化品牌发展机制。加大对绿色食品、有机农产品、农产品地理标志认证和出口农产品国际认证的支持和奖励。在优惠政策、项目上向认证主体倾斜，对认证产品企业进行奖励和补偿，提升生产经营主体申报认证的积极性，夯实品牌培育基础。引导企业、农民专业合作社、经纪人、农户等生产经营主体增强商标意识，积极申请商标注册，特别是对"名、特、优、新、稀"农产品申请商标注册。建立农产品品牌孵化基金，对优质生产经营企业进行专项扶持，加大奖励力度。

（4）加强品牌规范管理。明确政府、公共品牌运营机构、公共品牌使用者的权利与责任，共同维护品牌声誉，提升品牌价值。做好对品牌农产品商标、标识、域名的监督管理和依法保护工作，坚持扶优与打假相结合。建立农业品牌目录制度，严格按照质量标准授权企业使用"大运河畔·邳州臻品"地域品牌。实行品牌使用动态管理，定期对品牌运行情况进行评估，对提升品牌价值有突出贡献的品牌使用者或经营者进行奖励，同时严肃处理损害公共品牌的行为和企业。增强企业的品牌保护意识，防止假冒伪劣现象发生。

5. 创新绿色农产品销售模式

（1）发展农村电子商务。推进邳州市农村电子商务平台建设，健全完善电子结算、综合信息发布共享、物联软件等电子商务系统，积极开拓新型电子商务模式，打造集特色农产品展示交易、支付和信息服务于一体的农产品电子商务平台。加大电商主体培育力度，实施农民电商创业培训计划，支持农民合作社、家庭农场、大户等，依托淘宝、京东、微店等平台建设地方特色馆，推进邳州白蒜、薹干、板栗、兔肉等优质特色农产品。扩大电子商务进农村综合示范覆盖面，推广"一村一品一店"经验，深入开展"电商镇""电商村"创建工作。2022年，全市农村电商运营服务中心、乡镇电商服务站、行政村"一村一品一店"全覆盖，绿色农产品线上销售平台成熟完善，营销能力全面提升。

（2）优化传统营销方式。推动企业和合作社深入拓展传统批发渠道和农贸市场渠道。选择北京、上海、南京等一线或二线城市，重点突破，推动品牌渗透。开展直销和连锁经营，建设"邳州好粮"等连锁店，在北京、上海、南京等一线或二线城市开设直营店。

（3）拓展多元营销模式。开展展会营销，在北京、上海、南京等地举办绿色农产品展销会，开展优质农产品系列营销活动。积极扩大农产品进出口企业参加国际展会规模，增强邳州农业品牌的境外知名度。积极开发航空、铁路、海运、运动员配餐食品，开展网络众筹、认领预售、定制农产品销售等个性消费，不断拓展高端消费群体。

五、建设和完善绿色农业政策体系

1. 健全以绿色生态为导向的农业补贴制度

完善农业补贴政策，建立农业绿色发展稳定投入机制，优化支出结构，加强统筹协调，提高补贴资金使用的指向性。制定施用有机肥、可降解农膜使用及"两品一标"认证等补贴政策，加大对节水节药节肥、循环利用农业废弃物等的支持力度。落实最严格的耕地保护制度，划定永久基本农田，完善保护补偿激励机制，探索耕地轮作休耕制度。建立健全秸秆收储体系建设，进一步完善秸秆收储和利用按量补贴政策，对秸秆的人工、机械收储和秸秆的多种形式利用实行按量补助。

2. 落实严格的农业绿色发展管理制度

加快农业绿色发展地方性法规修订、建立绿色农业发展负面清单，确定农业生产的生态评价指标标准，对农业生产产生的污染源、违规行为、落后产能等以负面清单的方式实行减量化和退出机制。建立健全水资源管理制度，严格控制地下水开采，退减不合理灌溉面积。推进农业灌溉用水总量控制和定额管理，建立健全农业节水长效机制和政策体系。建立农业水价综合改革与节水激励机制，逐步明晰农业水权，推进制度节水。健全生态系统休养生息制度，合理实施休耕、禁养、禁渔，加强农田林网、片林基地、村庄社区绿化建设。

3. 完善绿色农业风险防控及保障机制

建立农业产业损害风险评估机制，长期有效监测、及时准确预警产业潜在损害，科学评估产业安全风险，有针对性地提出应对建议。加强农产品信息体系建设，以政府部门作为农业信息的主要提供者，对互联网与传统信息载体进行优势互补，加强对绿色农产品市场供求和价格走势的分析预测，提高农民科学决策的水平和能力。实施政策性及绿色农业保险，创新"基本险＋附加险"等商业性保险品种，丰富保险产品，提高保障水平。

4. 强化农产品质量安全监管

推进农产品质量安全源头治理，加强对种子、饲料、农药、化肥、兽（渔）药等企业的监管，强化企业质量安全责任。规范农资准入制度，减少化学肥料投入使用，筛选高效、低毒、低残留农药，合理选用矿物、生物源安全农药，控制农药残留限值。完善农产品质量安全监管追溯体系和农产品质量监测预警体系建设，健全农产品产地准出和市场准入制度，落实政府属地管理责任、部门监管责任和生产经营者主体责任，加强"从农田到餐桌"全过程监管。

六、建设和完善绿色农业数字体系——建立长期固定观测试验站

1. 组织机构设置

建立长期固定观测试验站，观测试验站实行站长负责制，市政府成立邳州市农业绿色发展先行先试支撑体系建设工作领导小组，由邳州市人民政府分管农业的副市长兼任观测试验站站长和领导小组组长，市农业农村局局长、市财政局局长、市自然资源和规划局局长、市科技局局长等有关单位负责人为小组成员，领导小组下设办公室，办公地点设在市农业农村局，市农

业农村局局长兼任办公室主任，领导小组负责对观测试验站整体建设进行管理。市农业农村局成立技术指导小组，具体负责观测试验站建设、长期运行、应用试验、数据获取分析，以及相关政策研究、技术推广、农业绿色发展评估论证等工作。

2. 建设地点

长期固定观测试验站包括市级中心站和若干试验观测点。市级中心站分为办公区和试验区，办公区占地面积为 120 m^2，试验区占地面积为 1000 亩，位于贾家农场，土地性质是集体用地。

3. 技术依托单位

（1）中国农业科学院农业环境与可持续发展研究所（简称"环发所"）。环发所是中国农业科学院直属研究所之一，是专门从事农业环境领域科学发现与技术创新的国家级非营利性科研机构。围绕影响现代农业发展的光、温、水、土、气、生等农业环境要素及其时空演变规律对农业生产的影响，已形成农业气象、农业水资源水环境、农业生态、农业生物环境工程、农业纳米科技与新材料等农业资源环境学科领域，并组建了 10 个科技创新团队。环发所共有在职人员 179 人，拥有人力资源社会保障部"新世纪百千万人才工程"国家级人选、国家有突出贡献中青年专家等国家级和部级高层次人才 25 人。27 人次担任"全球农业温室气体研究联盟"专家组组长、国际园艺学会（ISHS）设施植物生产系统设计与智能化专业委员会主席、国际农业塑料协会主席、《农业生态系统与环境》（*AGEE*）期刊主编等国际学术职位。同时，环发所是作物高效用水与抗灾减损国家工程实验室建设单位、农业农村部重点实验室农业环境学科群牵头单位，并建有农业农村部旱作节水等 5 个重点实验室，建成山西寿阳、湖南岳阳、西藏那曲等 11 个野外科学观测试验站。环发所是国家气候变化谈判农业领域技术支撑单位、农业农村部农业防灾减灾专家指导组组长单位、旱作节水农业项目专家组组长单位、外来入侵生物环境风险领域咨询专家组组长单位。环发所牵头全国农业环境科研协作网工作，牵头成立国家农业废弃物循环利用创新联盟、华北农业节水增效协同创新联盟、中国循环农业产业创新发展战略联盟。它是国家水体污染控制与治理重大科技专项总体专家组农业领域专家单位、纳米科技领域"973"计划农业领域项目组织单位。它完全具备邳州市绿色发展先行区长期固定观测试验站技术支撑服务能力。

（2）徐州工程学院。徐州工程学院始建于1959年，2002年升格为全日制普通本科院校，2017年成为江苏省硕士立项建设单位，是国家卓越工程师教育培养计划实施高校、国家产教融合发展工程项目试点高校、中德生态环境研究中心理事单位、中德应用型高等教育联盟成员。开设56个本科专业，在校生达2.2万人，现有高级职称教师545人、博士学位教师210人，拥有享受国务院政府特殊津贴专家、江苏省有突出贡献中青年专家等省级以上人才142人。

2008年至今，学校与江苏通标环保科技发展有限公司共建第三方环境检测实验室，面积约2100 m^2，仪器设备价值3600余万元，检测能力范围覆盖水、气、声、土壤和固体废弃物等多种类别，累计实施560多个项目；具有危废鉴定资质、环境检测司法鉴定资质、环保验收检测资质及环境应急预案编制、清洁生产评审、环境工程治理等能力，与国际权威检测机构SGS公司合作进行二噁英检测。

学校拥有与本项目相关的3个江苏省重点学科——食品质量与安全、化学、生态学，3家相关的二级学院——食品与生物工程学院、化学化工学院、环境工程学院，8个相关的省市级研究机构——苏北农村发展研究院、江苏省食品资源开发与质量安全重点建设实验室、江苏省食品安全生物芯片检测技术工程实验室、江苏省食品生物加工工程技术研究中心、江苏省秸秆生物质成型设备工程技术研究中心、江苏省化学化工实验教学中心、徐州市生物质燃料工程技术研究中心、徐州市水环境生态修复工业工程技术研究中心等。获批国家级教学项目12个、省级教学项目22个；获江苏省教学成果奖15项，省精品教材、重点教材24部。

（3）专家技术团队。在以上两个技术依托单位的基础上，选取相关专业技术人员，组建邳州市农业绿色发展专家技术团队，为邳州市长期固定观测试验站和技术应用试验提供技术支撑。专家技术团队由中国农业科学院农业环境与可持续发展研究所严昌荣研究员担任组长，徐州工程学院王欲晓教授担任副组长，专家组成员构成如下：

专家组组长：严昌荣

专家组副组长：王欲晓

专家组成员：杨正礼、刘恩科、何文清、董雯怡、刘勤、张爱平、李超、曹文平、杨华美、黄菊、胡其颖

4.定位观测任务

一是着眼邳州市生态环境和农业绿色发展突出问题，针对气温、光照、水分、土壤等生态环境指标，以及农业化肥、农药、农膜等投入品使用情况，农作物秸秆、畜禽粪污、农膜等废弃物资源化利用情况，开展长期、系统的定点观测，积累系统、全面的生态环境、农业绿色发展相关指标原始数据，为科学判断邳州市乃至全国农业绿色发展突出问题、提出有针对性的解决办法，提供科学可靠的数据支撑，力争邳州市长期固定观测试验站被纳入国家农业科学观测试验站体系。

二是立足邳州市大蒜、水稻两大农业主导产业发展现状，针对《2020—2022年邳州市农业绿色发展先行先试支撑体系建设实施方案》试验推广的稻田综合种养、稻－蒜轮作轻简化栽培、农膜降解利用等绿色发展技术，进行定点观测，开展实施效果评价，为绿色发展技术的推广、技术模式总结提升等提供参考。

5.观测和监测指标

观测指标包括气象要素指标、水分要素指标、土壤要素指标、生物要素指标和绿色发展动态指标五大类76个具体指标。

气象要素指标包括气温、相对湿度、平均风速、日照时数、降水量、太阳辐射等。

水分要素指标包括灌溉水水质、尾水水质、径流水水质等。

土壤要素指标包括土壤养分、土壤盐分、土壤墒情、土壤环境、土壤基本状况等。

生物要素指标包括作物产量、品质、栽培管理情况、养殖管理情况等。

绿色发展动态指标包括农田管理与投入措施、农业废弃物资源化利用情况等。

6. 能力建设

（1）基础设施建设。主要包括市级中心站、试验观测点的基础设施建设，形成以市级中心站为依托、试验观测点为支撑的试验站网络观测格局。市级中心站及试验观测点应根据试验任务和职能配置相应的基础设施。

市级中心站分为办公区和试验区，办公区基础建设具体包括数据终端监控室、综合实验室、资料室、库房等，办公区占地面积为120 m^2；试验区占地面积为1000亩，位于贾家农场，土地性质是集体用地，基础建设具体包括试验场地、围栏、道路、供水系统、排水系统、供电系统等。

（2）硬件设施建设。长期固定观测试验站硬件设施主要包括物联网监测设备和常规监测设备。

物联网监测设备包括服务器、数据采集（自动气象站、土壤墒情系统、作物长势视频监测）等各类传感器与信号传输系统，以及信息采集与分析系统、信息资源共享系统等。要求实现各观测试验的数据传输与共享，并与总站实现对接。物联网监测设备必须避免不兼容问题，并且具备开放友好的二次开发接口，与其他物联网平台无缝对接。数据存储方面，要求在基站、本地服务器、云端均可以存储数据。存储容量方面，做到每1～5小时采集一次数据，可存储至少5年监测数据。

常规监测设备为试验站实验室专用检测设备，包括气象、水分、土壤、作物指标的监测设备、数据处理设备、必要的农机具及交通运输工具、安全监测防范设施等，各个试验站根据实际需要，按照"填平补齐"的原则配置相关仪器设备。

（3）软件平台建设。在硬件设施建设的基础上，农业农村部委托技术单位开发统一的绿色发展先行区信息化平台，实现数据的采集、汇交、查询检索、可视化展示，以及绿色发展先行区单项绿色发展技术效果评价、整体运行效果评估等。系统平台架构要求如下：

基础设施层：包括云环境部署和感知设备。云环境部署包含应用层、服务层、数据库。感知设备包含采购气象站、土壤温度、土壤湿度及相关监测设备与仪器等。

数据层：地理基础数据和基础（申报）数据存放在关系型数据库

（PostgreSQL）。物联感知数据和采集数据存储在时序数据库（TimescaleDB）。预测预警数据等要快速响应的统计数据放在 Redis 缓存数据库。

服务层：提供 GIS 服务、水分要素监测服务、气象要素监测服务、土壤要素监测服务、生物要素监测服务、专题数据统计服务。

应用层：通过 PC 端或手机 App 可以进行数据的展示、查询、检索，包括数据展示系统、预测预警系统、信息采集系统。

平台基于 GIS 和物联网技术，结合海量数据存储、数据挖掘、遥感影像、有线/无线传输等技术，构建一个先进、实用、开放、安全可靠的信息采集、传输、存储、分析与展示应用平台。

系统框架采用：MVC 设计；后台技术采用 spring boot；前端采用 Vue；Web 应用服务器采用 Tomcat；文件服务采用 http-server。

（4）数据汇总。技术依托单位严格按照绿色发展先行区建设所规定的指标及数据规范，对长期观测过程中进行调查、观测和监测所产生的数据按照"分级管理、分级负责"的原则，进行统一管理。观测站负责对长期观测过程中调查、观测和监测所产生的数据资料进行整理与集成，并通过数据汇交平台定期汇交数据；技术依托单位是试验站网的归口管理单位，负责指导各基础数据采集点开展研究、数据搜集整理与试验成果集成等相关技术工作，负责对数据的完整性、规范性、一致性进行审核并进行分析利用。

第五章
农业绿色发展水平评估

第一节 邳州市农业资源概况

一、水资源

1. 地表水资源量、地下水资源量、降水总量

境内雨量充沛，年际变化较大。邳州市年平均降水量为 853.2 mm，近几年最大年降水总量为 1417.2 mm（2021 年），最小年降水总量为 587.1 mm（2019 年）。按流向归宿划分，邳州市拥有沂河、中运河、徐洪河三大水系，境内干支河流有 43 条，地表水资源丰富。2010—2022 年邳州市水资源总量变化情况如图 5-1 所示。

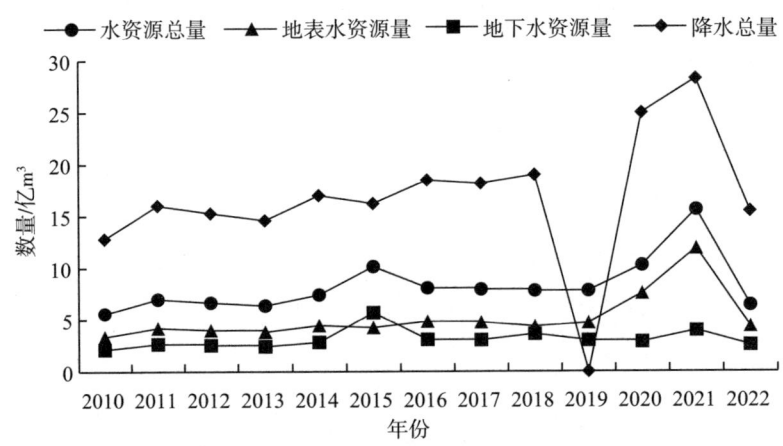

图 5-1 2010—2022 年邳州市水资源总量变化情况

2. 节水灌溉面积与农业用水量

长期以来，邳州市十分重视水利事业发展，建立了较为完善的农田水利工程体系，推动了农业节水灌溉工作，农业节水灌溉不断提速，如图 5-2 所示，邳州市节水灌溉面积稳定增长，农业用水量不断降低，2022 年节水灌溉面积为 69.86 千公顷，农田灌溉水有效利用系数为 0.624。

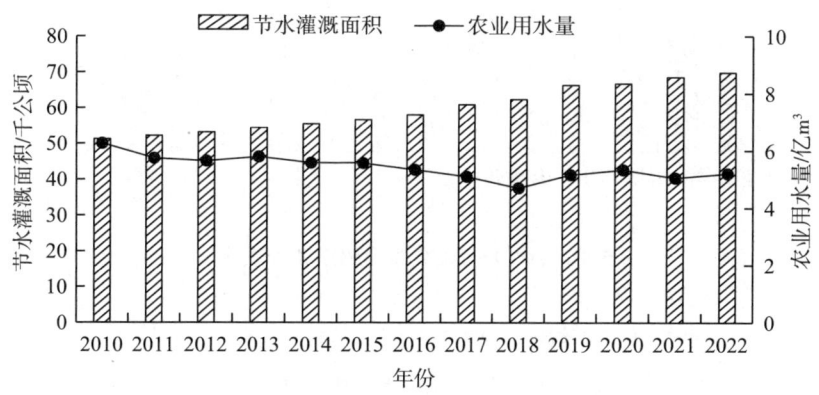

图 5-2　2010—2022 年邳州市节水灌溉面积与农业用水量

二、耕地资源

耕地资源的整体走向较为平稳，耕地面积和农田有效实灌面积基本不变，自 2010 年起农田有效实灌面积都达到耕地面积的一半以上，2017—2019 年 3 年农田有效实灌面积占比更是超过了 60%。耕地的有机质含量稍有起伏，土壤有机质含量在 17～25 g/kg，有机质含量水平较低（图 5-3）。

三、气候资源

邳州市年最高气温为 38 ℃左右，年最低气温为 -12 ℃左右，2011 年和 2016 年受寒潮影响冬季极端最低气温达到了 -15 ℃左右（图 5-4）。年气温差距很大，冬季寒冷，夏季炎热。

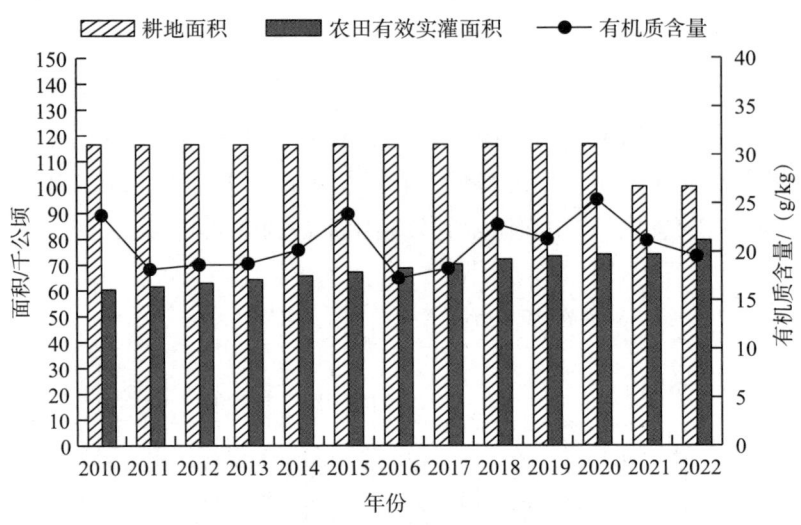

图 5-3　2010—2022 年邳州市耕地资源

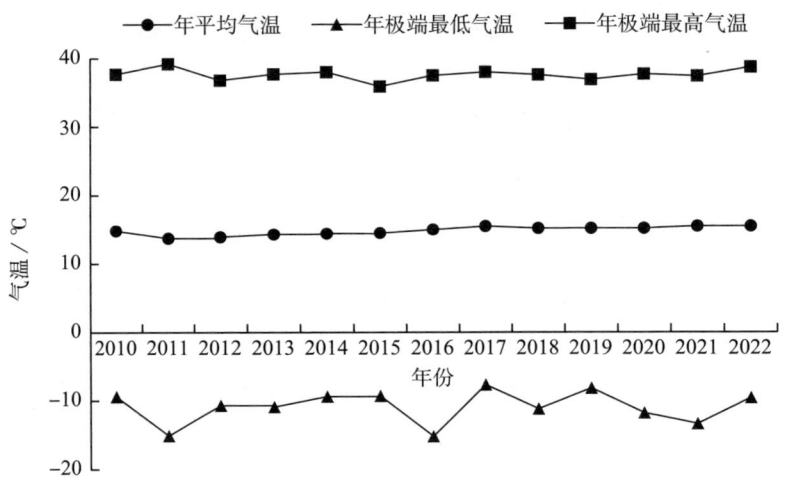

图 5-4　2010—2022 年邳州市年平均气温及年极端气温

四、农业生产投入品

1. 化肥施用量

邳州市化肥施用量 2012—2022 年连续 11 年出现负增长（图 5-5），但化肥施用强度并未有实质性下降，单位耕地面积的化肥施用量（折纯量）仍然高达

673 kg/hm², 远远超过发达国家为了防止对水体的污染而设置的 225 kg/hm² 的安全上限。

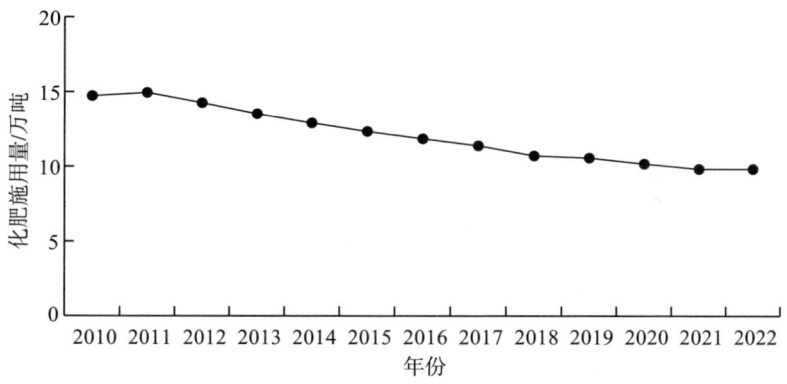

图 5-5　2010—2022 年邳州市化肥施用量

2010—2019 年邳州市化肥施用以氮肥和复合肥为主，以磷肥、钾肥为辅，在不影响作物产量的前提下，增施有机肥，秸秆还田，各类化肥的施用量都逐年降低（图 5-6）。

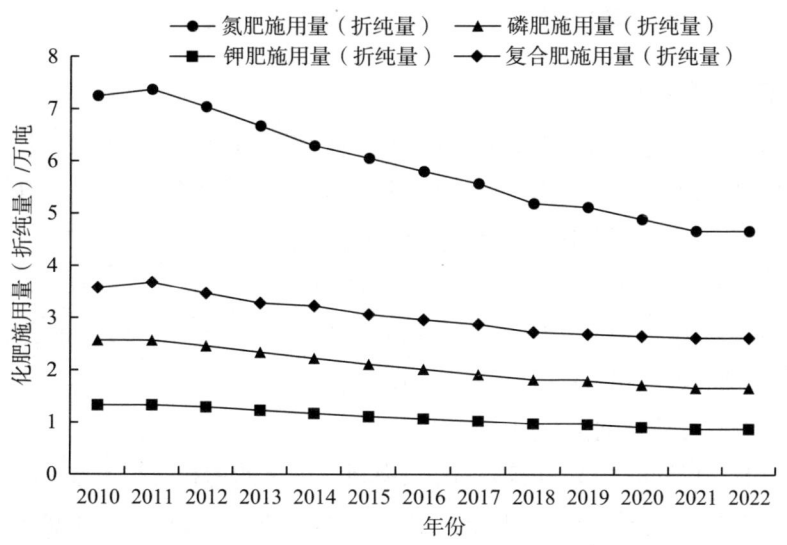

图 5-6　2010—2022 年邳州市各类化肥施用量

2. 农药施用量

邳州农药施用量连年递减，2019年农药施用量为1898吨，较2018年减少了约100吨，较2017年减少了700余吨，农药施用量断崖式下跌，农药减量增效取得了明显成效。2010—2022年邳州市农药施用量（折百量）如图5-7所示。

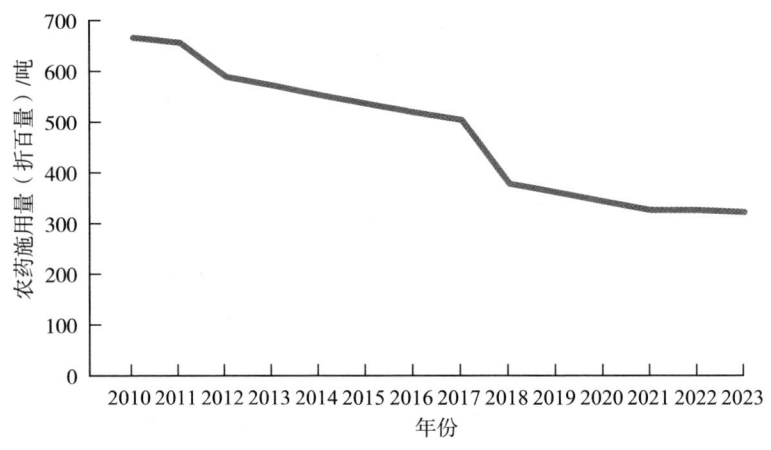

图5-7　2010—2022年邳州市农药施用量（折百量）

五、农业生产废弃物

1. 秸秆综合利用率

邳州市落实秸秆禁烧任务，促进秸秆综合利用，秸秆综合利用率于2010—2012年稳定增长，2013—2021年一直维持在97%以上，高于全国和江苏省平均水平，秸秆综合利用量接近秸秆可收集资源量（图5-8）。

通过图5-9邳州市各类粮食作物秸秆还田量可以看到，秸秆还田量整体呈上升趋势，但2017—2019年小麦秸秆还田量大幅下降，回到了2014年还田量水平；同时，2015年玉米秸秆还田量有所减少，2016年水稻秸秆还田量也有所减少，之后又逐渐攀升。

如图5-10所示，邳州市秸秆废弃物利用最多的途径为秸秆肥料化，2017年秸秆肥料化利用量达到了秸秆利用量的80%以上。2018年和2019年由于政府对沼气工程的支持，秸秆燃料化利用量有所提高。

第五章 农业绿色发展水平评估

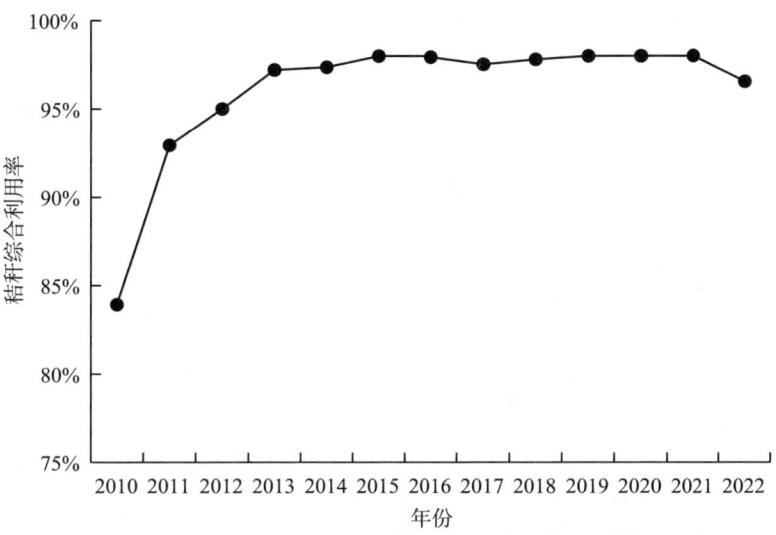

图 5-8　2010—2022 年邳州市秸秆综合利用率

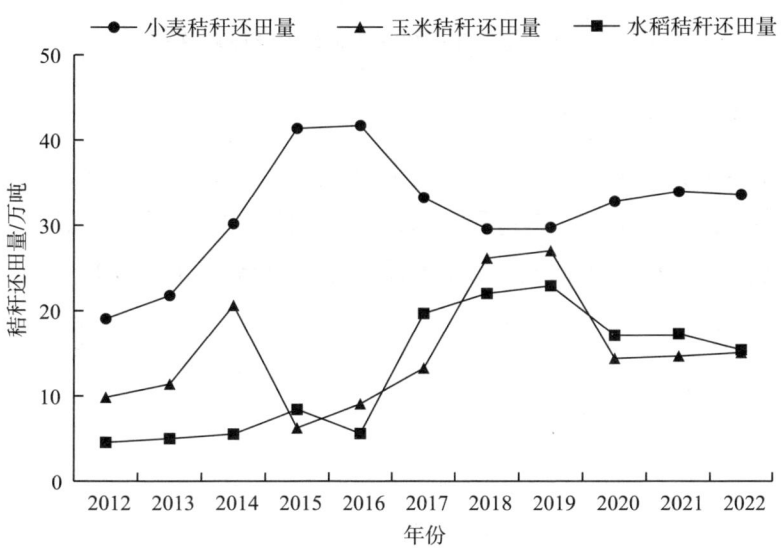

图 5-9　2012—2022 年邳州市各类粮食作物秸秆还田量

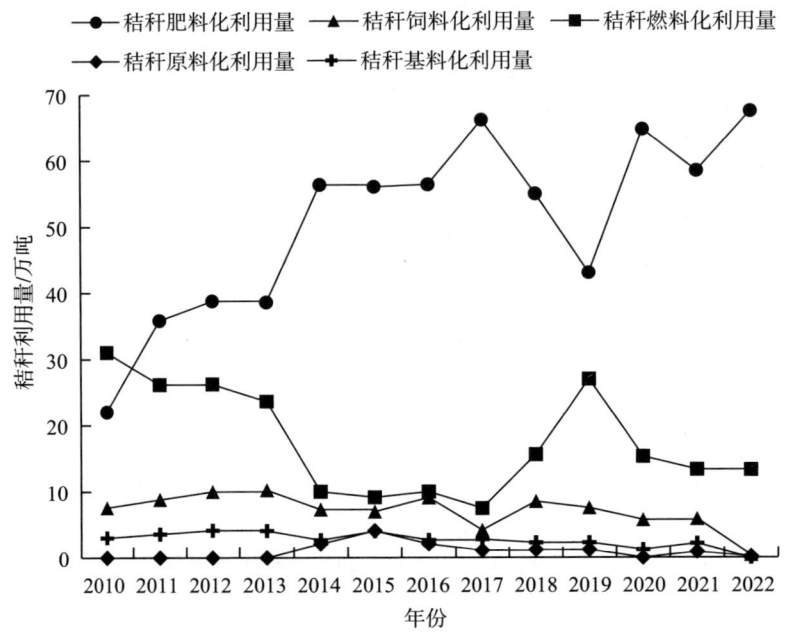

图 5-10　2010—2022 年邳州市秸秆利用量

2. 畜禽粪污综合利用率

邳州市大力开展畜禽粪污资源化利用工作，实现畜牧养殖大县粪污资源化利用整县治理全覆盖。畜禽粪污综合利用率除 2013 年陡然降低外，其他年份稳定上升，2019 年畜禽粪污综合利用率超过 90%（图 5-11）。

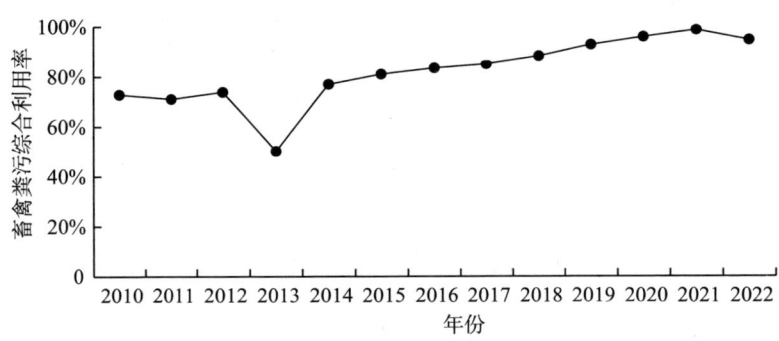

图 5-11　2010—2022 年邳州市畜禽粪污综合利用率

畜禽粪污利用量最多的粪污为家禽粪污和生猪粪污，一个原因是家禽和生猪的饲养量多，粪污产生量大；另一个原因是家禽和生猪的粪污便于收集，因此二者粪污利用量居多（图5-12）。

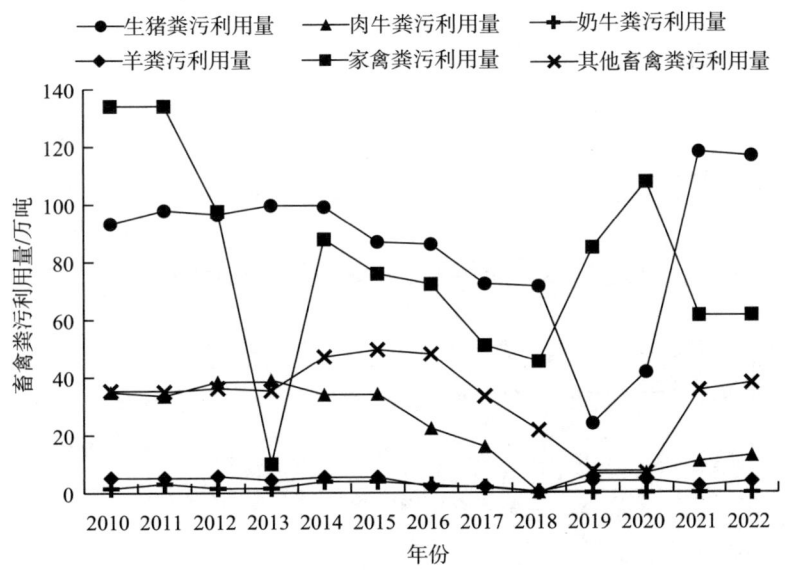

图 5-12　2010—2022 年邳州市畜禽粪污利用量

3. 农膜回收率

邳州市不断完善农膜回收资源化利用体系，强化责任落实，完善扶持政策，推进农膜污染治理，农膜回收率稳定在 90% 以上，"白色污染"得到有效治理（图 5-13）。

如图 5-14 所示，邳州市棚膜回收率一直维持在较高水平，重视废弃农膜的回收利用。前些年，邳州市地膜回收率较低，仅有 50% 左右，从 2018 年开始邳州市加强地膜回收的相关工作，地膜回收率有所提高，从 2019 年起邳州市地膜回收率高于 75%，地膜污染得到有效治理。

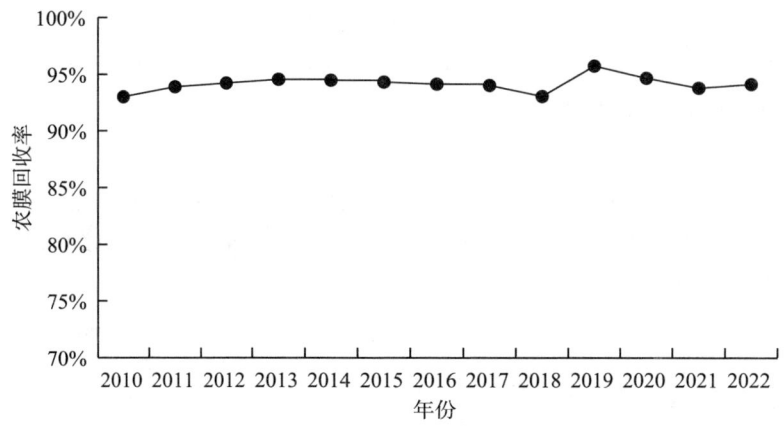

图 5-13　2010—2022 年邳州市农膜回收率

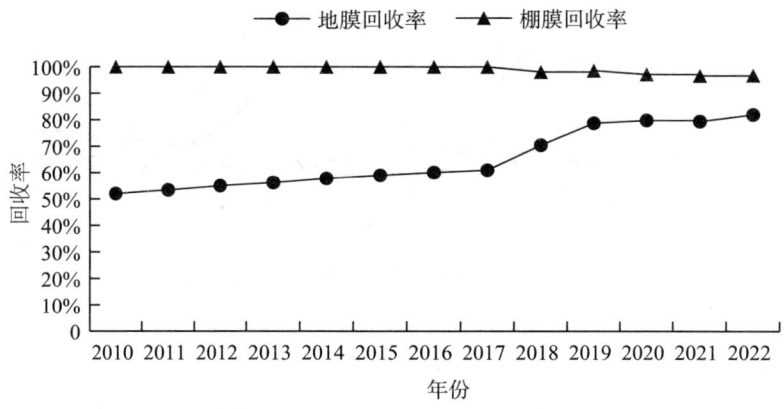

图 5-14　2010—2022 年邳州市地膜及棚膜回收率

六、农业经济发展

1. 农业总产值

邳州市农业产业不断发展，农业总产值逐年递增，2010—2022 年农业总产值增加了两倍多，农业综合生产能力显著增强（图 5-15）。

2. 粮食产量

邳州市粮食作物以稻谷、小麦为主，每年粮食作物总产量相近，自 2015 年起粮食作物总产量连续增长（图 5-16）。

第五章　农业绿色发展水平评估

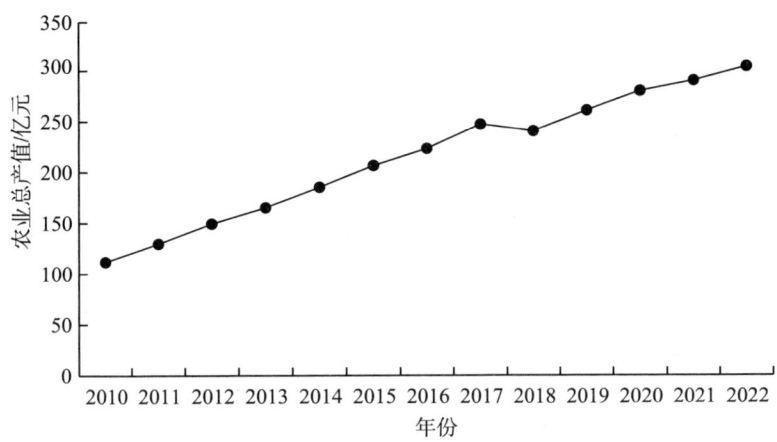

图 5-15　2010—2022 年邳州市农业总产值

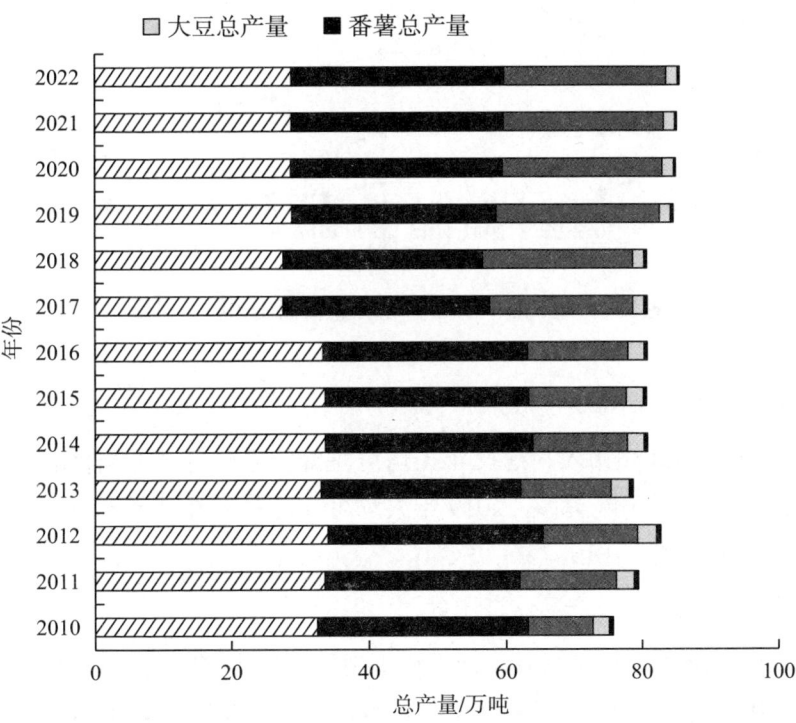

图 5-16　2010—2022 年邳州市主要粮食作物总产量

3. 畜禽养殖数量

邳州市作为养殖大市，2022年生猪出栏量高达95.4万头，肉羊出栏量为16.4万只，肉鸡出栏量为4934.6万羽。2010—2022年邳州市畜禽出（存）栏量如图5-17所示。邳州市牢固树立"生态、高效、优质、安全"的畜牧业发展理念，快速推进畜牧产业结构调整步伐，严把养殖、生产加工、畜禽屠宰等关键环节。

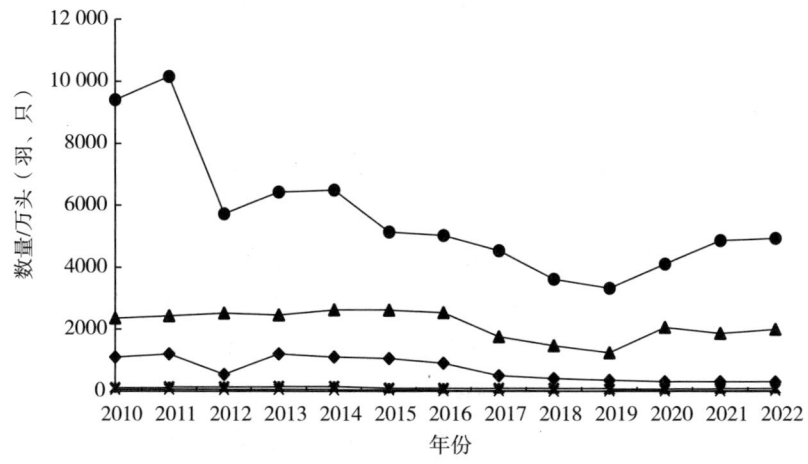

图5-17　2010—2022年邳州市畜禽出（存）栏量

4. 农村居民人均可支配收入

2010年前后邳州市农村居民年人均可支配收入较低，但当地农业迅速发展，农民收入水平不断提高，2019年人均可支配收入在2万元左右，远高于全国平均水平（图5-18）。

5. 有机绿色地理农产品认证个数

邳州市对绿色和有机食品认证不够重视，2018年"江苏农产品品牌目录"名单共270个，邳州市仅有4个农产品品牌入选，2018年以前认证数量少，从2019年开始认证数量才有所增加。2010—2022年邳州市有机绿色地理农产品认证个数如图 5-19 所示。

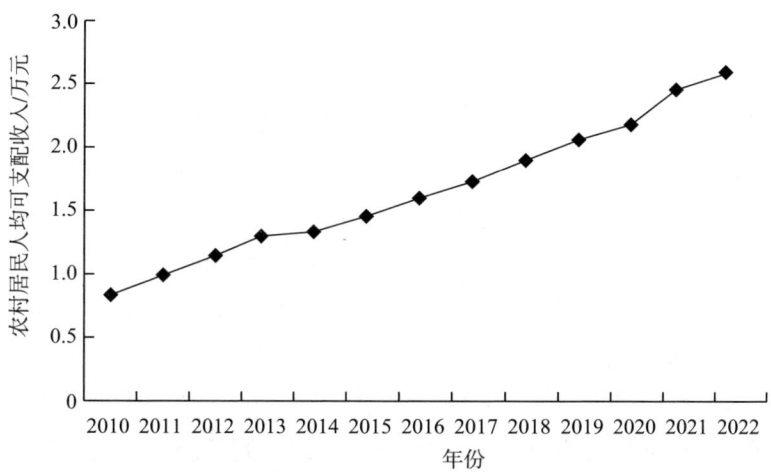

图 5-18　2010—2022 年邳州市农村居民人均可支配收入

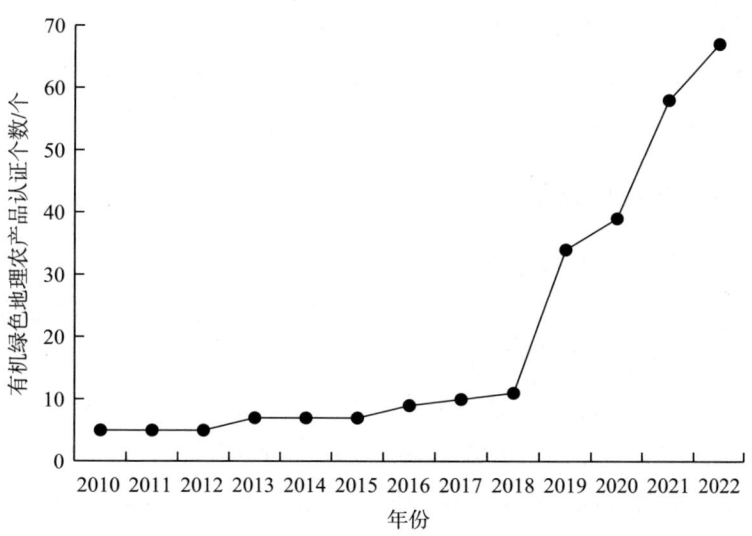

图 5-19　2010—2022 年邳州市有机绿色地理农产品认证个数

第二节　农业绿色发展评估指标体系

一、构建评估指标体系

关于农业发展水平的指标有很多，评估指标的选取对于整个评估指标体系的构建十分重要[27]。本书在选择农业绿色发展评估指标的过程中主要遵循以下原则：

（1）重要性原则。评估指标重点突出，能够反映农业绿色发展的结果和水平，适当兼顾发展的措施与过程，有一定公认度和权威性，契合社会重要关切，不用有歧义的指标。

（2）系统性原则。评估指标要从资源、生态、生产和生活等方面全方位反映农业，并与国家生态绿色发展的基本特征共同构成一个有内在逻辑关系的指标体系，并与国家生态文明建设衔接。

（3）独立性原则。评估指标应具有较强的独立性，相互之间尽量避免交叉重复，剔除和减少关联信息，提高农业绿色发展评价精度。

（4）操作性原则。评估指标可量化，所需数据可获得，且主要来源于公布的统计年鉴或部门统计数据，以提高评估的社会接受度。

二、评估指标的选取

在农业绿色发展的过程中，水资源和耕地资源是影响作物产量的最基本要素[28]，而农业投入品和废弃物，不仅对农业生产起着至关重要的作用，对当地的环境生态也有很大影响[29]，于是本书从资源节约保育、生态环境安全、生活富裕美好和绿色产品供给4个方面选取17个指标，构建出目标层、响应层、指标层，对邳州市的农业绿色发展进行综合评价。

资源节约保育方面共选取8个指标，从水资源的组成和数量方面考虑，选取了地表水资源量、地下水资源量、降水量3个指标；结合农业生产和资源利用，选取了农业用水量和节水灌溉面积2个指标；从耕地资源的数量和面积考虑，选取了耕地面积、农田有效实灌面积、土壤有机质平均值3个指标。

生态环境安全方面共选取5个指标，从农业生产投入品方面考虑，选取了化肥施用量、农药施用量2个指标；从农业废弃物治理方面考虑，选取了秸秆综合利用率、畜禽粪污综合利用率、废弃农膜回收率3个指标。

从生活富裕美好方面考虑，选取了农村生活垃圾有效处理率、农村生活污水有效处理率、农村居民人均可支配收入3个指标。

从绿色产品供给方面考虑，选取了有机绿色地理农产品认证个数这一个指标。

邳州市农业绿色发展评估指标体系如表5-1所示。

表5-1 邳州市农业绿色发展评估指标体系

目标层	响应层	指标层	属性
邳州市农业绿色发展水平	资源节约保育	地表水资源量	正
		地下水资源量	正
		降水量	正
		农业用水量	负
		节水灌溉面积	正
		耕地面积	正
		农田有效实灌面积	正
		土壤有机质平均值	正
	生态环境安全	化肥施用量	负
		农药施用量	负
		秸秆综合利用率	正
		畜禽粪污综合利用率	正
		废弃农膜回收率	正
	生活富裕美好	农村生活垃圾有效处理率	正
		农村生活污水有效处理率	正
		农村居民人均可支配收入	正
	绿色产品供给	有机绿色地理农产品认证个数	正

对于体系内每个指标，表5-2列出了其具体内涵。

表5-2 邳州市农业绿色发展评估指标内涵

指标名称	指标内涵	单位
地表水资源量	指地表水中可以逐年更新的淡水量，一般是指陆地上可实施人为控制、水量调度分配和科学管理的水	亿立方米
地下水资源量	指存在于地下、可以为人类所利用的水资源，主要是由大气降水的直接入渗和地表水渗透到地下形成的	亿立方米
降水量	指从天空降落到地面上的液态或固态水，未经蒸发、渗透、流失，而在水平面上积聚的深度	亿立方米
农业用水量	指用于灌溉和农村牲畜的用水总量，由于各地水源条件、作物品种、耕植面积不同，用水量也不尽相同	亿立方米
节水灌溉面积	节水灌溉是最大限度地提高单位灌溉水量的农作物产量和产值的灌溉措施，节水灌溉面积指使用节水灌溉措施的耕地的总面积	千公顷
耕地面积	指用来种植农作物、经常进行耕锄的田地的总面积，耕地中又分出灌溉水田、水浇地、旱地3个二级地类	公顷
农田有效实灌面积	利用灌溉工程和设施，在有效灌溉面积中当年实际已进行正常（灌水一次即可）灌溉的耕地面积	千公顷
土壤有机质平均值	指各种形态存在于土壤中的所有含碳的有机物质，包括土壤中的各种动植物残体、微生物及其分解和合成的各种有机物质	g/kg
化肥施用量	指本年内实际用于农业生产的化肥数量，包括氮肥、磷肥、钾肥和复合肥	万吨
农药施用量	指本年内实际用于农业生产的农药数量	万吨
秸秆综合利用率	指通过采用各种秸秆还田技术，实现秸秆还田的秸秆资源可收集利用量与秸秆总量的比例	%
畜禽粪污综合利用率	指通过用作肥料、制作有机肥、培养料、生产沼气等方式综合利用的畜禽粪污量与畜禽粪污总量的比例	%
废弃农膜回收率	农膜指用于农业生产的地膜和棚膜总和，该指标是指废弃农膜回收利用量与使用总量的比例	%

续表

指标名称	指标内涵	单位
农村生活垃圾有效处理率	指农村生活垃圾有效处理的行政村数量与总行政村数量之比	%
农村生活污水有效处理率	指农村生活污水有效处理的行政村数量与总行政村数量之比	%
农村居民人均可支配收入	指农村住户获得的经过初次分配与再分配后的收入，可用于住户的最终消费、非义务性支出及储蓄	万元
有机绿色地理农产品认证个数	指依据《绿色食品标志管理办法》认证的绿色无污染可食用食品	个

三、数据来源

本书以江苏省徐州市下辖邳州市作为研究样本，探讨邳州市农业绿色发展水平。本书的数据主要来源于江苏省统计局、邳州市统计局2010—2022年度内部资料。

本书通过分析邳州市农业发展近10年的数据，构建出邳州市农业绿色发展评估指标体系。该体系旨在分析邳州市农业绿色发展水平，引导其更好地发展，还可为全国各地绿色农业评价提供参考借鉴。

邳州市农业绿色发展评估原始数据如表5-3所示。

表 5-3 邳州市农业绿色发展评估原始数据

二级指标	2010	2011	2012	2013	2014	2015	2016	2017	2018	2019	2020	2021	2022	单位
地表水资源量	3.36	4.20	4.00	3.83	4.45	4.25	4.84	4.76	4.36	4.71	7.57	11.89	4.37	亿立方米
地下水资源量	2.13	2.66	2.55	2.43	2.83	5.70	3.08	3.03	3.62	2.99	2.86	3.96	2.55	亿立方米
降水量	12.81	16.01	15.28	14.59	16.99	16.21	18.48	18.16	18.99	15.06	24.97	28.24	15.46	亿立方米
农业用水量	6.25	5.74	5.64	5.79	5.58	5.56	5.33	5.10	4.70	5.16	5.33	5.05	5.20	亿立方米
节水灌溉面积	51.23	52.17	53.14	54.41	55.52	56.67	58.07	60.90	62.37	66.37	66.79	68.60	69.86	千公顷
耕地面积	116 468.43	116 370.08	116 408.76	116 300.33	116 323.20	116 602.69	116 429.75	116 578.17	116 637.35	116 637.35	116 637.40	100 308.30	100 710.60	公顷
农田有效实灌面积	60.33	61.45	62.81	64.24	65.71	67.20	68.73	70.29	72.13	73.25	73.94	73.94	79.45	千公顷
土壤有机质平均值	23.78	18.21	18.68	18.80	20.20	23.90	17.28	18.30	22.80	21.30	25.36	21.16	19.57	g/kg
化肥施用量	14.73	14.95	14.27	13.52	12.91	12.34	11.85	11.38	10.71	10.57	10.17	9.82	9.82	万吨
农药施用量	0.07	0.07	0.06	0.06	0.06	0.05	0.05	0.05	0.04	0.02	0.02	0.02	0.02	万吨
秸秆综合利用率	0.84	0.93	0.95	0.97	0.97	0.98	0.98	0.98	0.98	0.98	0.98	0.98	0.97	%
畜禽粪污综合利用率	0.74	0.72	0.75	0.51	0.77	0.82	0.84	0.85	0.88	0.94	0.96	0.99	0.95	%
废弃农膜回收率	0.93	0.94	0.94	0.95	0.94	0.94	0.94	0.94	0.93	0.96	0.95	0.94	0.94	%

续表

二级指标	2010	2011	2012	2013	2014	2015	2016	2017	2018	2019	2020	2021	2022	单位
农村生活垃圾有效处理率	0	0	0	0	0.78	1.00	1.00	1.00	1.00	0.94	0.94	0.94	0.94	%
农村生活污水有效处理率	0	0	0.02	0.03	0.09	0.11	0.13	0.15	0.23	0.40	0.57	0.81	0.83	%
农村居民人均可支配收入	0.83	0.99	1.13	1.26	1.28	1.40	1.53	1.67	1.82	1.99	2.12	2.38	2.54	万元
有机绿色地理农产品认证个数	5.00	5.00	5.00	7.00	7.00	7.00	9.00	10.00	11.00	34.00	37.00	48.00	65.00	个

第三节 农业绿色发展水平评估方法

一、指标权重的确定

(一)赋权方法

本书在构建了邳州市农业绿色发展评估指标体系后,下一步就是对各评估指标进行赋权。指标权重的大小直接决定着指标的重要性,影响着邳州市农业绿色发展水平的最终评价结果[30]。因此,如何选择科学有效的赋权方法十分关键。目前,常用的赋权方法主要包括主观赋权法和客观赋权法[31]。

主观赋权法是在尊重专家意见基础上的赋权方法,主要依赖专家多年的经验和知识储备,方法简单,易于操作,得出的结果不会与实际相悖[32]。但主观赋权法过分依赖人的主观判断,且专家素质参差不齐,容易影响评价结果。主观赋权法主要包括层次分析法、专家意见法等。

客观赋权法是基于客观数值的内在联系计算得出指标权重的赋权方法,不受主观判断的影响,得出的结果更加客观,但由于客观赋权法依赖数值间的内在联系,当评估指标出现异常值时,得到的评价结果可能与实际不相符[33]。目前,常用的客观赋权法有因子分析法、主成分分析法、神经网络法、熵值法等。

本书采用熵值法作为邳州市农业绿色发展综合评估的赋权方法,计算最终绩效得分,使评价结果更为准确。

(二)指标数值标准化处理

由于不同的指标属性均有所不同,有些指标数据越大表示指标表现越好,有些指标数据越小表示指标表现越好,有些指标数据过大或过小均不好,适中最好[34]。因此,为方便数据处理,本书根据指标属性,对设立的评估指标先进行归类,然后再进行标准化处理,消除指标数值量纲的影响。

假设给定 k 个指标 X_1, X_2, $\cdots$, X_k,各个指标数据标准化后的值为 Y_1, Y_2, $\cdots$, Y_k,方法如下:

当指标为正指标时,数据越大越好,转化公式如下:

$$Y_{ij} = \frac{X_{ij} - \min(X_i)}{\max(X_i) - \min(X_i)}。$$

当指标为负指标时,数据越小越好,转化公式如下:

$$Y_{ij} = \frac{\max(X_i) - X_{ij}}{\max(X_i) - \min(X_i)}。$$

为了数据运算处理有意义,必须消除零和负值,故需对标准化后的数据进行整体平移,即 $X_{ij}=X_{ij}+\alpha$,但为不破坏原始数据的内在规律,最大限度地保留原始数据,α 的取值必须尽可能小,即 α 为最接近 X_{ij} 的最小值,本书取 $\alpha=0.0001$。

邳州市农业绿色发展综合评价标准化数据如表 5-4 所示。

(三)熵值法确定指标权重

根据信息论中信息熵的定义,一组数据的信息熵 $E_i = -\frac{1}{\ln n} \sum_{i=1}^{n} p_{ij} \ln(p_{ij})$,其中,

$$P_{ij} = \frac{Y_{ij}}{\sum_{i=1}^{n} Y_{ij}}。$$

根据信息熵的计算公式,计算出各个指标的信息熵为 E_1,E_2,…,E_k。各个指标的差异系数可以通过下式计算得出:

$$g_j = 1 - e_j。$$

确定评估指标的权重 w_j:

$$w_j = \frac{g_j}{\sum_{i=1}^{m} g_j},\ j=1,\ 2,\ 3,\ …,\ m。$$

指标的信息熵越小,则该指标值的变化越大,其权重也就越大,对综合评价结果的影响也越大;反之,对综合评价结果的影响也较小[35]。邳州市农业绿色发展评估指标信息熵、差异系数、权重如表 5-5 所示,一、二级指标权重如表 5-6 所示。

表 5-4 邳州市农业绿色发展综合评价标准化数据

二级指标	2010	2011	2012	2013	2014	2015	2016	2017	2018	2019	2020	2021	2022
地表水资源量	0.0001	0.0986	0.0751	0.0552	0.1279	0.1044	0.1736	0.1642	0.1173	0.1584	0.4937	1.0001	0.1185
地下水资源量	0.0001	0.1486	0.1177	0.0841	0.1962	1.0001	0.2662	0.2522	0.4175	0.2410	0.2046	0.5127	0.1177
降水量	0.0001	0.2071	0.1598	0.1154	0.2708	0.2204	0.3671	0.3467	0.4005	0.1457	0.7881	1.0001	0.1716
农业用水量	0.0001	0.3331	0.3938	0.3004	0.4369	0.4448	0.5924	0.7459	1.0001	0.7041	0.5947	0.7749	0.6783
节水灌溉面积	0.0001	0.0506	0.1026	0.1708	0.2304	0.2921	0.3672	0.5192	0.5981	0.8128	0.8353	0.9325	1.0001
耕地面积	0.9898	0.9837	0.9861	0.9795	0.9809	0.9980	0.9874	0.9965	1.0001	1.0001	1.0001	0.0001	0.0247
农田有效实灌面积	0.0001	0.0587	0.1298	0.2046	0.2815	0.3594	0.4394	0.5210	0.6173	0.6758	0.7119	0.7119	1.0001
土壤有机质平均值	0.8046	0.1152	0.1734	0.1882	0.3615	0.8194	0.0001	0.1263	0.6833	0.4976	1.0001	0.4803	0.2835
化肥施用量	0.0432	0.0001	0.1336	0.2783	0.3977	0.5086	0.6048	0.6954	0.8268	0.8550	0.9317	0.9996	1.0001
农药施用量	0.0001	0.0153	0.1669	0.2003	0.2390	0.2723	0.3072	0.3356	0.5481	0.9811	0.9821	1.0000	1.0001
秸秆综合利用率	0.0001	0.6403	0.7864	0.9430	0.9537	0.9985	0.9942	0.9653	0.9851	0.9990	0.9991	1.0001	0.8967

续表

二级指标	年份												
	2010	2011	2012	2013	2014	2015	2016	2017	2018	2019	2020	2021	2022
畜禽粪污综合利用率	0.4797	0.4474	0.4987	0.0001	0.5557	0.6458	0.6905	0.7040	0.7762	0.8914	0.9492	1.0001	0.9262
废弃农膜回收率	0.0001	0.3230	0.4431	0.5643	0.5366	0.4787	0.4135	0.3722	0.0197	1.0001	0.6066	0.2888	0.4105
农村生活垃圾有效处理率	0.0001	0.0001	0.0001	0.0001	0.7756	1.0001	1.0001	1.0001	1.0001	0.9430	0.9430	0.9430	0.9430
农村生活污水有效处理率	0.0001	0.0001	0.0271	0.0345	0.1131	0.1352	0.1573	0.1795	0.2728	0.4841	0.6831	0.9706	1.0001
农村居民人均可支配收入	0.0001	0.0937	0.1727	0.2518	0.2642	0.3333	0.4089	0.4911	0.5777	0.6765	0.7544	0.9054	1.0001
有机绿色地理认证农产品个数	0.0001	0.0001	0.0001	0.0334	0.0334	0.0334	0.0668	0.0834	0.1001	0.4834	0.5334	0.7168	1.0001

表 5-5 邳州市农业绿色发展评估指标信息熵、差异系数、权重

二级指标	信息熵	差异系数	权重
地表水资源量	0.795 641 886	0.204 358 114	0.097
地下水资源量	0.866 304 589	0.133 695 411	0.064
降水量	0.877 661 749	0.122 338 251	0.058
农业用水量	0.945 957 793	0.054 042 207	0.026
节水灌溉面积	0.876 411 512	0.123 588 488	0.059
耕地面积	0.939 035 968	0.060 964 032	0.029
农田有效实灌面积	0.899 753 74	0.100 246 26	0.048
土壤有机质平均值	0.889 107 206	0.110 892 794	0.053
化肥施用量	0.901 554 109	0.098 445 891	0.047
农药施用量	0.861 332 627	0.138 667 373	0.066
秸秆综合利用率	0.966 108 34	0.033 891 66	0.016
畜禽粪污综合利用率	0.955 272 365	0.044 727 635	0.021
废弃农膜回收率	0.916 913 194	0.083 086 806	0.040
农村生活垃圾有效处理率	0.855 799 072	0.144 200 928	0.069
农村生活污水有效处理率	0.769 640 157	0.230 359 843	0.110
农村居民人均可支配收入	0.903 703 416	0.096 296 584	0.046
有机绿色地理农产品认证个数	0.677 678 314	0.322 321 686	0.153

表 5-6 一级、二级指标权重

目标层	一级指标	一级权重	二级指标	二级权重
邳州市农业绿色发展水平	资源节约保育	0.43	地表水资源量	0.097
			地下水资源量	0.064
			降水量	0.058
			农业用水量	0.026

续表

目标层	一级指标	一级权重	二级指标	二级权重
邳州市农业绿色发展水平	资源节约保育	0.43	节水灌溉面积	0.059
			耕地面积	0.029
			农田有效实灌面积	0.048
			土壤有机质平均值	0.053
	生态环境安全	0.19	化肥施用量	0.047
			农药施用量	0.066
			秸秆综合利用率	0.016
			畜禽粪污综合利用率	0.021
			废弃农膜回收率	0.040
	生活富裕美好	0.22	农村生活垃圾有效处理率	0.069
			农村生活污水有效处理率	0.110
			农村居民人均可支配收入	0.046
	绿色产品供给	0.17	有机绿色地理农产品认证个数	0.153

将得到的指标权重 w_j 与第 i 个被评价对象在第 j 个评估指标上的比值 p_{ij} 相乘得出各个评价对象的绩效综合得分，根据分数高低再进行排名比较。综合得分 S 计算公式如下：

$$S = \sum_{j=1}^{m} w_j \times p_{ij}。$$

邳州市农业绿色发展综合指标及一级指标的评价值分别如图 5-20、图 5-21 所示。

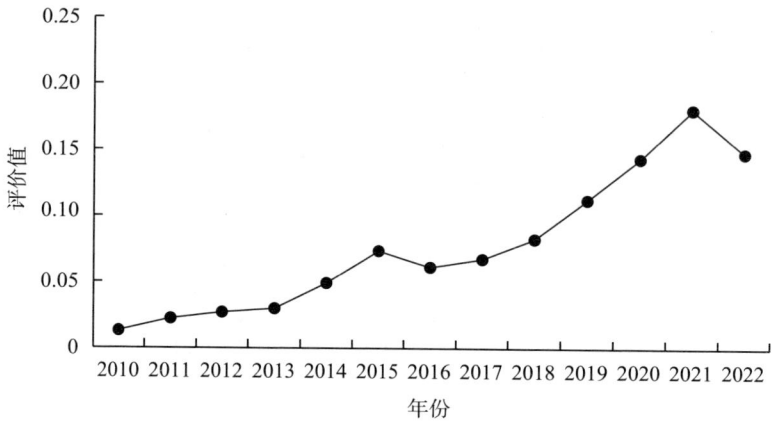

图 5-20　2010—2022 年邳州市农业绿色发展综合指标评价值

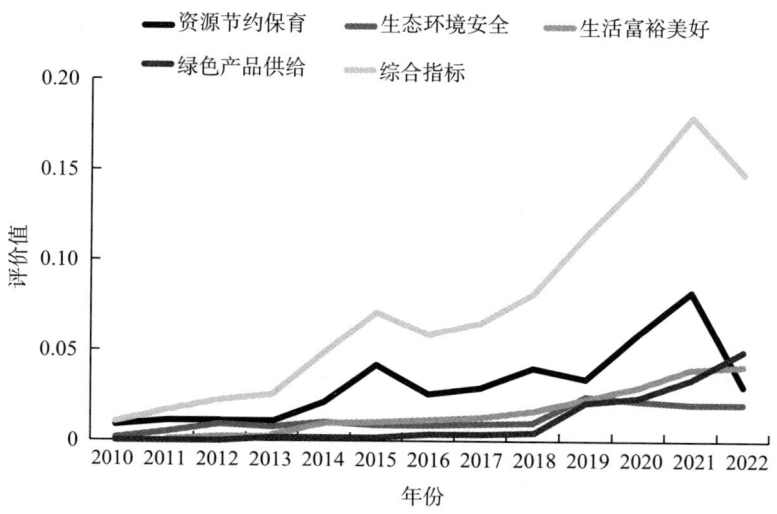

图 5-21　2010—2022 年邳州市农业绿色发展一级指标评价值

二、计算体系的灰色关联系数

1. 方法的选取

灰色关联分析法是研究参考序列和比较序列关联性强弱的统计方法[36]，能够在不完全信息中描述变量间的关联度，进而分析出有利于该系统发展的积极因素，很好地弥补了因子分析法和主成分分析法的不足[37]。此外，由于我国农业绿色产业发展起步较晚，产业统计不完全，存在较多未知信息，符合灰色信息系统特征[38],因此,本书采用灰色关联分析法对邳州市农业绿色发展影响因素指标进行研究,探索不同影响因素指标与农业绿色发展水平的具体关联度。

灰色关联分析法可分为 5 个操作步骤:

①确定数据序列。

设参考序列 $X_0=(X_0(1), X_0(2),\cdots,X_0(n))$,比较序列 $X_i=(X_i(1), X_i(2),\cdots, X_i(k),\cdots, X_i(n))$,其中 $i=1, 2, \cdots, m$;$k=1, 2, \cdots, n$。

②原始数据的无量纲化处理。

本书采用初值化对原始数据进行无量纲化处理。具体公式为

$$X_i' = \frac{X_i}{X_{i1}}$$

其中 $i=0, 1, 2, \cdots, m$。

③计算参考序列和比较序列的绝对差值。

绝对差值计算公式为

$$\Delta i(k) = \left| X_0'(k) - X_i'(k) \right|$$

其中,$i=1, 2, \cdots, m$;$k=1, 2, \cdots, n$。

④计算灰色关联系数。

灰色关联系数的计算公式如下:

$$\gamma(X_0(k), X_i(k)) = \frac{\min_i \min_k \Delta i(k) + \xi \max_i \max_k \Delta i(k)}{\Delta i(k) + \xi \max_i \max_k \Delta i(k)}$$

其中,ξ 为分辨系数,是常数,其取值范围为(0,1),一般情况下 ξ 取 0.1~0.5,通常情况下 ξ 取 0.5;$i=1, 2, \cdots, m$;$k=1, 2, \cdots, n$。

⑤计算灰色关联度。

灰色关联度的计算公式为

$$\gamma(X_0, X_i) = \frac{1}{n}\sum_{k=1}^{n}\gamma(X_0(k), X_i(k))$$

其中,$i=1, 2, \cdots, m$;$k=1, 2, \cdots, n$。

2. 数据的测算

(1)数据序列的确定

本书将邳州市 2010—2022 年农业绿色发展综合指标设定为参考序列 X_0,用以表征邳州市农业绿色发展水平,将上述指标 2010—2022 年数据设定为比较序列 $X_1 \sim X_{17}$。

（2）原始数据初始化

对原始数据进行无量纲化，结果如表 5-7 所示。

表 5-7 邳州市农业绿色发展影响因素指标的无量纲化

序列	年份												
	2010	2011	2012	2013	2014	2015	2016	2017	2018	2019	2020	2021	2022
X_0	0.15	0.26	0.33	0.36	0.64	0.93	0.79	0.86	1.05	1.47	1.88	2.36	1.93
X_1	0.66	0.82	0.78	0.75	0.87	0.83	0.94	0.93	0.85	0.92	1.48	2.32	0.85
X_2	0.69	0.86	0.82	0.78	0.91	1.83	0.99	0.98	1.17	0.96	0.92	1.27	0.82
X_3	0.72	0.90	0.86	0.82	0.96	0.91	1.04	1.02	1.07	0.85	1.40	1.59	0.87
X_4	1.15	1.06	1.04	1.07	1.03	1.03	0.98	0.94	0.87	0.95	0.98	0.93	0.96
X_5	0.86	0.87	0.89	0.91	0.93	0.95	0.97	1.02	1.04	1.11	1.12	1.15	1.17
X_6	1.02	1.02	1.02	1.02	1.02	1.02	1.02	1.02	1.02	1.02	1.02	0.88	0.88
X_7	0.88	0.89	0.91	0.93	0.96	0.98	1.00	1.02	1.05	1.07	1.08	1.08	1.16
X_8	1.15	0.88	0.90	0.91	0.97	1.15	0.83	0.88	1.10	1.03	1.22	1.02	0.94
X_9	1.22	1.24	1.18	1.12	1.07	1.02	0.98	0.94	0.89	0.87	0.84	0.81	0.81
X_{10}	1.53	1.51	1.34	1.30	1.26	1.22	1.18	1.15	0.91	0.41	0.41	0.39	0.39
X_{11}	0.87	0.97	0.99	1.01	1.01	1.02	1.02	1.02	1.02	1.02	1.02	1.02	1.01
X_{12}	0.90	0.88	0.91	0.61	0.94	0.99	1.02	1.03	1.07	1.14	1.17	1.20	1.16
X_{13}	0.99	1.00	1.00	1.00	1.00	1.00	1.00	1.00	0.99	1.02	1.01	1.00	1.00
X_{14}	0	0	0	0	1.18	1.52	1.52	1.52	1.52	1.43	1.43	1.43	1.43
X_{15}	0	0	0.09	0.11	0.36	0.43	0.50	0.57	0.87	1.55	2.19	3.11	3.20
X_{16}	0.52	0.62	0.70	0.78	0.80	0.87	0.95	1.04	1.13	1.23	1.32	1.48	1.58
X_{17}	0.26	0.26	0.26	0.36	0.36	0.36	0.47	0.52	0.57	1.77	1.92	2.50	3.38

（3）计算参考序列和比较序列的绝对差值

求出参考序列和比较序列的绝对差值（表 5-8）。

表 5-8 参考序列和比较序列的差序列

序列	年份												
	2010	2011	2012	2013	2014	2015	2016	2017	2018	2019	2020	2021	2022
X_1	0.503	0.556	0.453	0.384	0.232	0.098	0.160	0.069	0.200	0.547	0.399	0.040	1.074
X_2	0.532	0.592	0.493	0.418	0.274	0.907	0.206	0.115	0.114	0.504	0.956	1.087	1.107
X_3	0.567	0.636	0.531	0.457	0.318	0.017	0.253	0.161	0.017	0.619	0.473	0.774	1.058
X_4	1.001	0.795	0.714	0.705	0.392	0.099	0.199	0.081	0.183	0.514	0.893	1.429	0.968
X_5	0.705	0.610	0.563	0.548	0.293	0.021	0.188	0.160	0.006	0.354	0.758	1.212	0.757
X_6	0.868	0.757	0.693	0.656	0.383	0.095	0.236	0.162	0.028	0.443	0.854	1.482	1.044
X_7	0.725	0.630	0.586	0.571	0.319	0.050	0.215	0.163	0.001	0.400	0.801	1.285	0.771
X_8	0.995	0.615	0.574	0.544	0.338	0.226	0.049	0.023	0.050	0.438	0.652	1.340	0.983
X_9	1.066	0.974	0.853	0.756	0.432	0.094	0.196	0.082	0.164	0.591	1.034	1.548	1.114
X_{10}	1.377	1.249	1.013	0.938	0.621	0.292	0.395	0.288	0.145	1.054	1.466	1.971	1.537
X_{11}	0.721	0.704	0.662	0.649	0.377	0.093	0.235	0.156	0.032	0.445	0.856	1.340	0.922
X_{12}	0.742	0.612	0.579	0.251	0.303	0.064	0.233	0.166	0.018	0.330	0.706	1.161	0.771
X_{13}	0.835	0.733	0.673	0.641	0.367	0.074	0.215	0.139	0.062	0.449	0.871	1.365	0.928
X_{14}	0.153	0.264	0.328	0.364	0.543	0.593	0.736	0.661	0.470	0.032	0.442	0.927	0.493
X_{15}	0.153	0.264	0.241	0.253	0.275	0.495	0.281	0.285	0.177	0.085	0.313	0.749	1.277
X_{16}	0.363	0.352	0.372	0.420	0.160	0.058	0.165	0.177	0.078	0.232	0.560	0.885	0.351
X_{17}	0.107	0.004	0.068	0	0.273	0.564	0.317	0.340	0.479	0.302	0.048	0.135	1.453

(4）计算灰色关联系数

本书分辨系数取 0.5，运用公式求出各个指标与邳州市农业绿色发展水平的灰色关联系数（表 5-9）。

表 5-9 指标灰色关联系数

序列	年份												
	2010	2011	2012	2013	2014	2015	2016	2017	2018	2019	2020	2021	2022
X_1	0.662	0.640	0.685	0.720	0.810	0.910	0.861	0.935	0.832	0.643	0.712	0.961	0.479
X_2	0.650	0.625	0.667	0.702	0.783	0.521	0.827	0.896	0.896	0.662	0.508	0.476	0.471
X_3	0.635	0.608	0.650	0.684	0.756	0.984	0.796	0.860	0.984	0.614	0.676	0.560	0.482
X_4	0.496	0.554	0.580	0.583	0.715	0.909	0.832	0.925	0.844	0.658	0.525	0.408	0.505
X_5	0.583	0.618	0.637	0.643	0.771	0.979	0.840	0.861	0.994	0.736	0.566	0.449	0.566
X_6	0.532	0.566	0.587	0.600	0.720	0.913	0.807	0.859	0.973	0.690	0.536	0.400	0.486
X_7	0.576	0.610	0.627	0.633	0.756	0.952	0.821	0.859	0.999	0.711	0.552	0.434	0.561
X_8	0.498	0.616	0.632	0.645	0.745	0.814	0.953	0.977	0.952	0.693	0.602	0.424	0.501
X_9	0.481	0.503	0.536	0.566	0.695	0.914	0.835	0.923	0.857	0.625	0.488	0.389	0.469
X_{10}	0.417	0.441	0.493	0.512	0.614	0.772	0.714	0.774	0.872	0.483	0.402	0.333	0.391
X_{11}	0.578	0.583	0.598	0.603	0.723	0.914	0.808	0.864	0.969	0.689	0.535	0.424	0.517
X_{12}	0.571	0.617	0.630	0.798	0.765	0.939	0.809	0.856	0.983	0.750	0.583	0.459	0.561
X_{13}	0.542	0.574	0.594	0.606	0.729	0.931	0.821	0.877	0.941	0.687	0.531	0.419	0.515
X_{14}	0.866	0.789	0.751	0.731	0.645	0.625	0.573	0.599	0.677	0.969	0.690	0.515	0.667
X_{15}	0.866	0.789	0.804	0.796	0.782	0.666	0.778	0.776	0.848	0.921	0.759	0.568	0.436
X_{16}	0.731	0.737	0.726	0.702	0.861	0.945	0.857	0.848	0.927	0.809	0.638	0.527	0.738
X_{17}	0.903	0.996	0.936	1.000	0.784	0.636	0.757	0.744	0.673	0.766	0.954	0.880	0.404

（5）计算灰色关联度

运用公式，求出各个指标与邳州市农业绿色发展水平的灰色关联度（表5-10）。

表 5-10　邳州市农业绿色发展水平的灰色关联度排名

一级指标	二级指标	序列	灰色关联度	排名
资源节约保育	地表水资源量	X_1	0.758	3
	地下水资源量	X_2	0.668	13
	降水量	X_3	0.715	6
	农业用水量	X_4	0.656	15
	节水灌溉面积	X_5	0.711	7
	耕地面积	X_6	0.667	14
	农田有效实灌面积	X_7	0.699	9
	土壤有机质平均值	X_8	0.696	10
生态环境安全	化肥施用量	X_9	0.637	16
	农药施用量	X_{10}	0.555	17
	秸秆综合利用率	X_{11}	0.677	11
	畜禽粪污综合利用率	X_{12}	0.717	5
	废弃农膜回收率	X_{13}	0.674	12
生活富裕美好	农村生活垃圾有效处理率	X_{14}	0.700	8
	农村生活污水有效处理率	X_{15}	0.753	4
	农村居民人均可支配收入	X_{16}	0.773	2
绿色产品供给	有机绿色地理农产品认证个数	X_{17}	0.803	1

第四节　评估结果分析

一、邳州市农业绿色发展水平评价

2010—2013 年，邳州市农业绿色发展水平介于 0～0.05，发展水平较低；2013—2015 年和 2017—2021 年，邳州市农业绿色发展稳步上升，尤其是 2021 年飞速上升，绿色农业迅速发展；其中 2016 年经历绿色发展短暂下降（图 5-22）。在 4 个一级指标中，资源节约保育的整体得分最高，平均值在 0.04 左右，2020 年和 2021 年都超过了 0.06，但是资源节约保育起伏较大，不太稳定，主要受土壤有机质和地下水资源量的影响。绿色产品供给指标在 4 个一级指标中变化最大，2010—2018 年绿色产品供给的评价值均不到 0.01，经过几年的发展，2019 年绿色产品供给的评价值超过 0.01，2022 年超过 0.05。生态环境安全和生活富裕美好的评价值相似，一直处于上升趋势，总体向好发展。

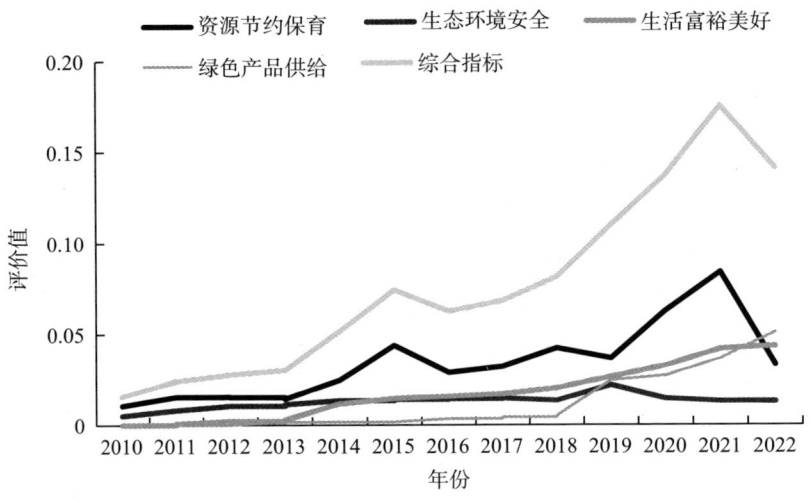

图 5-22　2010—2022 年邳州市农业绿色发展综合评价值变化

1. 资源节约保育

资源节约保育方面总共选取了有关水资源和耕地资源的 8 个指标，由于指标数量较多，在这里分别进行分析。

（1）水资源。大气降水是地表水的主要来源，也是地下水的主要补给来源，因此地表水资源量和地下水资源量都受降水量影响，从图 5-23 可以看出地表水资源量变化趋势与降水量大致相同，地下水资源量变化趋势也与降水量大致相同。节水灌溉面积的评价值逐年稳定上升，说明邳州市重视农业节水灌溉并且每年积极认真落实节水灌溉相关工作。农业用水量上升趋势不太明显，2019 年以后有小幅回落。

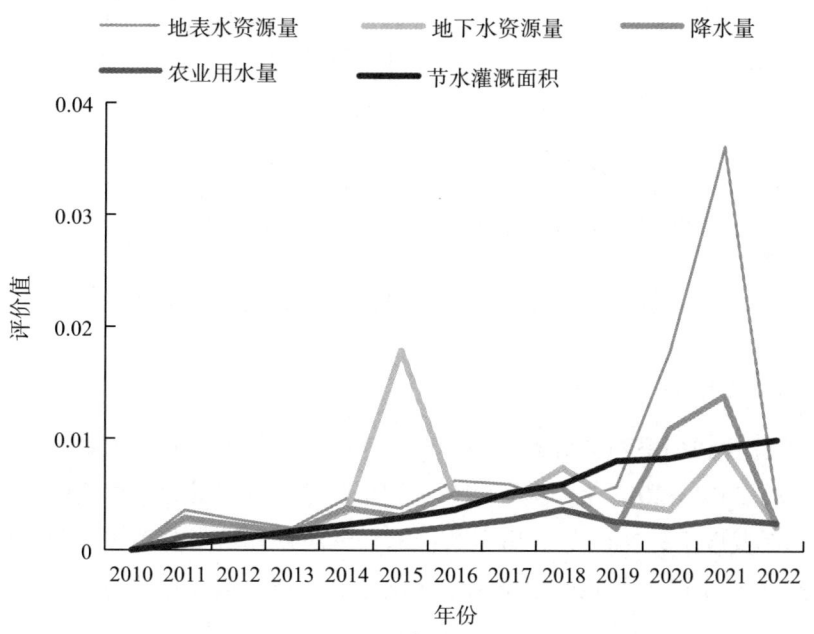

图 5-23 2010—2022 年邳州市水资源评价值变化

（2）耕地资源。如图 5-24 所示，耕地资源共有耕地面积、农田有效实灌面积、土壤有机质平均值 3 个指标。农田有效实灌面积的评价值逐年递增，发展趋势向好，农田有效实灌面积由 2010 年的 67.73 千公顷增加至 2022 年的 79.8 千公顷，这得益于邳州市开展高标准农田建设、坚守耕地面积红线等举措。土壤有机质平均值的评价值起伏较大，2010年、2015年、2020年评价值较高，2011—2013年和2016—2017年处于低谷期，评价值较低。耕地面积的评价值2020年以前处于稳定状态，没有很大变化，2021年和2022年有所下降。

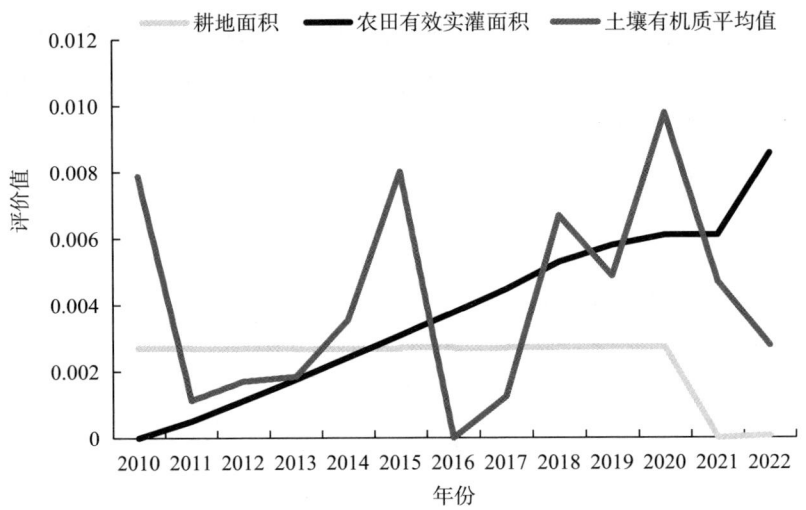

图 5-24　2010—2022年邳州市耕地资源评价值变化

2. 生态环境安全

秸秆综合利用率和畜禽粪污综合利用率的评价值变动趋势大致相同，呈现上升趋势。2010—2017年，秸秆综合利用率和畜禽粪污综合利用率的评价值均处于0.002及以下；2017年之后，秸秆综合利用率和畜禽粪污综合利用率的评价值先上升后下降。化肥施用量和农药施用量的评价值变化趋势也大体相同，2010—2017年二者上升趋势缓慢，农药施用量的评价值2018—2019年飞速上升，2019年超过了0.01。邳州市的化肥施用量在2011年达到最高值14.95万吨，至2019年降低到10.57万吨；农药施用量逐年稳定递减，至2019年降低至0.018万吨，这表明邳州倡导农业绿色发展，开展可持续发展试验示范区成效显著。废弃农膜回收率的评价值有大幅变化，2010—2013年逐年上升，但2014—2018年每年都在下降，2019年又大幅上升（图5-25）。

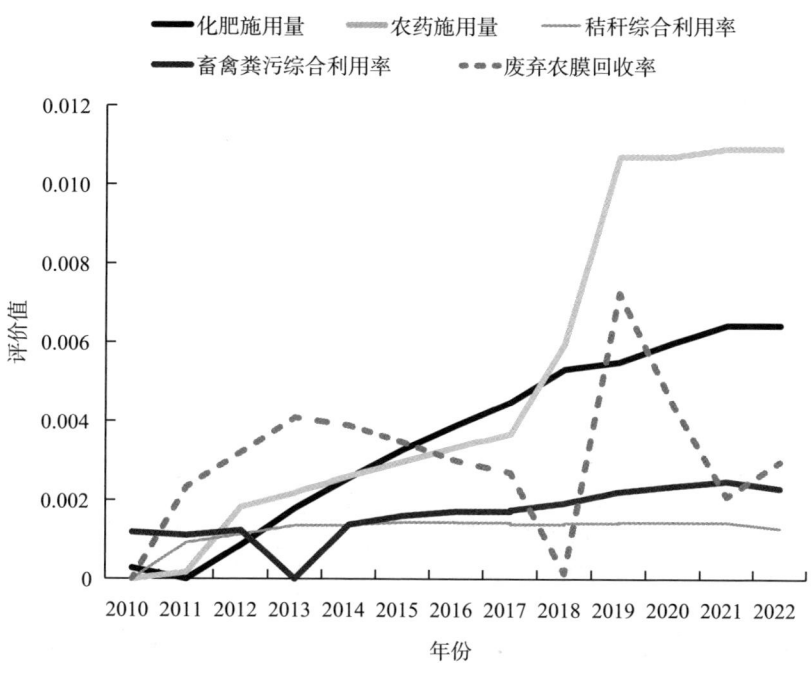

图 5-25　2010—2022 年邳州市生态环境安全评价值变化

3. 生活富裕美好

生活富裕美好方面有农村生活垃圾有效处理率、农村生活污水有效处理率和农村居民人均可支配收入 3 个指标。如图 5-26 所示，邳州市生活富裕美好评价值整体向好，大体呈上升趋势。其中农村生活污水有效处理率的评价值在 2018 年后大幅提升。

4. 绿色产品供给

绿色产品供给方面只选取了有机绿色地理农产品认证个数这一个指标，其具体变化趋势如图 5-22 所示，有机绿色地理农产品认证个数的评价值在 2010—2015 年都在 0.01 以下，没有意识到有机绿色食品的重要性和重要作用，2016—2019 年评价值有所上升，但是总体水平仍然较低，还需要多进行有机绿色地理农产品的培养和认证。

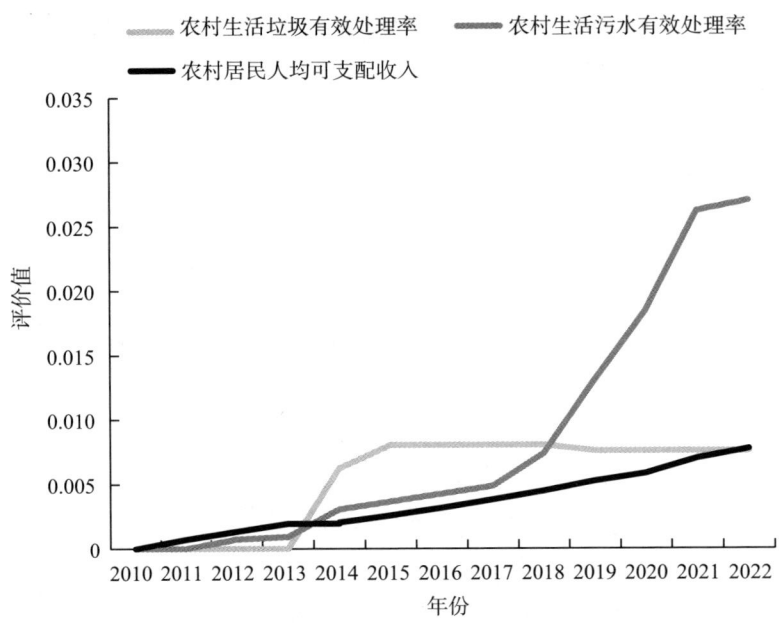

图 5-26　2010—2022 年邳州市生活富裕美好评价值变化

二、灰色关联度指标分析

本书依据灰色关联度结果，将各指标分为 3 个层次：第一层次为高关联度指标，即灰色关联度介于 0.75～1.00 的指标；第二层次为中关联度指标，即灰色关联度介于 0.70～0.75 的指标；第三层次为低关联度指标，即灰色关联度小于 0.70 的指标。17 个指标中高关联度指标有 4 个，分别为有机绿色地理农产品认证个数、农村居民人均可支配收入、地表水资源量和农村生活污水有效处理率；中关联度指标有 4 个，分别为畜禽粪污综合利用率、降水量、节水灌溉面积和农村生活垃圾有效处理率；低关联度指标有 9 个，分别为农田有效实灌面积、土壤有机质平均值、秸秆综合利用率、废弃农膜回收率、地下水资源量、耕地面积、农业用水量、化肥施用量和农药施用量。本部分主要就有机绿色地理农产品认证个数、农村生活污水有效处理率和地表水资源量 3 个高关联度指标与邳州市农业绿色发展进行进一步分析。

1. 有机绿色地理农产品认证个数

邳州市有机绿色地理农产品认证个数与农业绿色发展综合指标的灰色关联度为 0.6421，在 17 个指标中位列第一，呈现出极强的关联性。有机绿色地理农产品拓展了农业产业的边界，增强了农产品的核心竞争力，是农业绿色发展必不可少的部分。

2. 农村生活污水有效处理率

农村生活污水有效处理率是灰色关联度分析中与农业绿色发展综合指标关联度较高的指标，呈现出较高的相关性。一方面，农业农村农民"三农"问题一直密切相连、不可分割[39]，所以农民的幸福生活和农业发展有极强的关联度；另一方面，农业绿色发展水平的提高注定会增加农村农民的总体收入水平，能够将更多的资金用于农村基础设施的建设，包括污水和垃圾处理设备等设施。因此，在新时代背景下，邳州市农业绿色发展不仅要注重农业生产质量和产量的有效提升，还需充分认识农业发展的带动效应，挖掘农村社会发展对于绿色农业的重要价值。

3. 地表水资源量

邳州市地表水资源量指标与邳州市农业绿色发展综合指标的灰色关联度为 0.758，排名第三。地表水与植被之间有着复杂的关系，它涉及地下水、土壤、植被等相互之间的动态平衡。地表水资源是农业生产中不可或缺的水源之一，是灌溉的重要水源。合理利用地表水资源、保护水质、推广高效节水的灌溉技术，对于实现农业灌溉的可持续发展和提高农作物产量至关重要。另外，绿色农业是发展节水高效的高质量农业，绿色农业的蓬勃发展大大减少了农业用水量。

第六章
大蒜产业发展

第一节　邳州大蒜产业发展概况

邳州大蒜以"个大、皮白、产量高、肉质脆、蒜油含量高、耐储运、商品性佳"等特点,为白蒜中的上品,享有"中国大蒜看邳州"的美誉。大蒜产业集群成为江苏唯一列入全国50个优势特色产业集群项目,大蒜产业园获批国家级现代农业产业园,邳州大蒜获评受欧盟保护的首批中国100个地理标志之一。邳州大蒜无论在邳州县域经济发展中,还是在人民群众生活中,都有着举足轻重的地位,社会各界对此也都特别关注。

一、发展起源：条件优渥、广植于今

俗话说"大蒜三两瓣,痢疾好一半",悠久的种植历史、丰富的文化内涵,提升了邳州大蒜的声誉度。乾隆年间,乾隆皇帝二下江南途经加口(加口古埠码头当时有"金加口,银窑湾"之美誉)患上痢疾,当地一老妪将自家祖传大蒜偏方进贡给乾隆皇帝服用,乾隆服后病患全消,邳州白蒜由此声名远播。

1. 种植历史传承有序

始于汉代,盛于元、明,清时邳州境内加口地区(现在的宿羊山、车辐山、邳城、赵墩四镇交汇区)蒜田面积达万亩之多。20世纪90年代,邳州大蒜种植面积达千余亩,处于分散零星种植状态。21世纪初,随着品种改良、地膜覆盖和标准化生产技术的推广应用,形成了以宿羊山镇8万亩基地为核

心的60万亩优质白蒜生产基地。2021年，邳州及辐射的贾汪、丰县等周边的种植总面积达96.5万亩，同比增加2万亩。

2. 基础资源得天独厚

邳州属于黄淮平原半湿润温带季风气候，气候温和、光照充足、降水适中，土壤多为两合土、淤土和黑土，养分齐全、理化性状好、有机质含量高，独特的地理环境造就了大蒜品质、颜色、形状、营养等方面具有鲜明的地域特色，优于国内其他产区。同时，邳州是人口大县，人口数量位居全省第二、全国第五，且大蒜产业属于劳动密集型产业，门槛虽低，但与发达地区乃至发达国家相比，邳州具有劳动力成本和土地资源优势。

3. 食用药用价值高

蒜头集100多种药用和保健成分于一身，其中含硫挥发性有机物43种。蒜氨酸是蒜头独具一格的成分，当它进到血液时便变成蒜素，能有效治疗伤寒、痢疾等，具备缓解疲劳、提高精力、推动基础代谢、降血压、降血脂的功效。蒜头外敷可去斑美白。《本草纲目》记载：蒜释名小蒜、茆蒜、荤菜；气味辛、温，有小毒；主治时气温病、干霍乱、长年心痛、疟疾等。

二、发展现状：特色鲜明、体系完整

经过十几年的发展，邳州大蒜从"养在深闺人未识"到"一跃成名天下知"，其发展历程是邳州人因后思变、砥砺奋进的过程，也是一个不断改革创新、创造奇迹的过程，获得了诸多全国"唯一"和"第一"。

1. 种植面积广，种植区域集中，规模稳定

常年种植大蒜60万亩左右，年产量近80万吨。种植区域相对集中，宿羊山、碾庄、赵墩、车辐山、八义集等邳西五镇种植面积占全市的55%（图6-1）。大蒜第一、第二、第三产业总产值约170亿元，其比重如图6-2所示。2021年种植面积为60.9万亩，同比增加0.4万亩；产量为76.73万吨，同比减少2.22万吨。

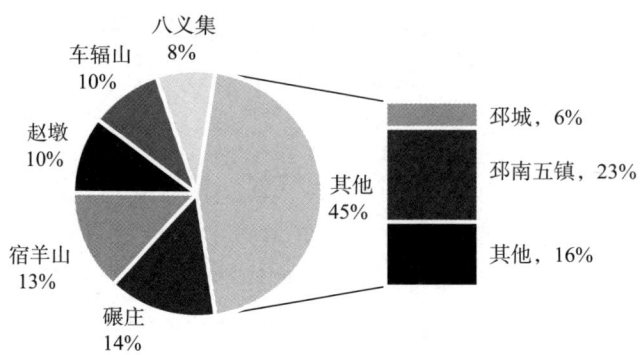

图 6-1　大蒜种植区域分布

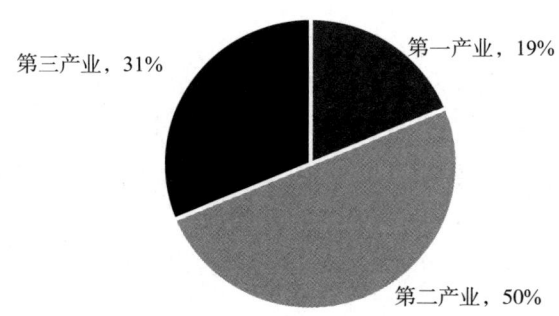

图 6-2　第一、第二、第三产业比重

2. 集聚程度高，产业链条完整

加工生产企业达 260 多家，其中农业产业化重点龙头企业国家级 2 家、省级 10 家、徐州市级 23 家。产品主要有黑大蒜、蒜粉、蒜粒、大蒜素等 40 多个品种。建有大蒜恒温库 350 余座，年储藏能力达 70 万吨。创建成省级农产品加工集中区、国家级农业产业化示范基地。邳州大蒜产业链条示意如图 6-3 所示。

3. 出口总量大，市场份额领先

具备自营出口权企业 33 家，常年自营出口量达 35 万多吨，出口额达 3 亿美元左右，出口总量全国领先，连续 10 年位列全省农产品出口县（市）级第一。获批国家级出口大蒜质量安全示范区、国家级外贸出口转型升级专业型示范基地。

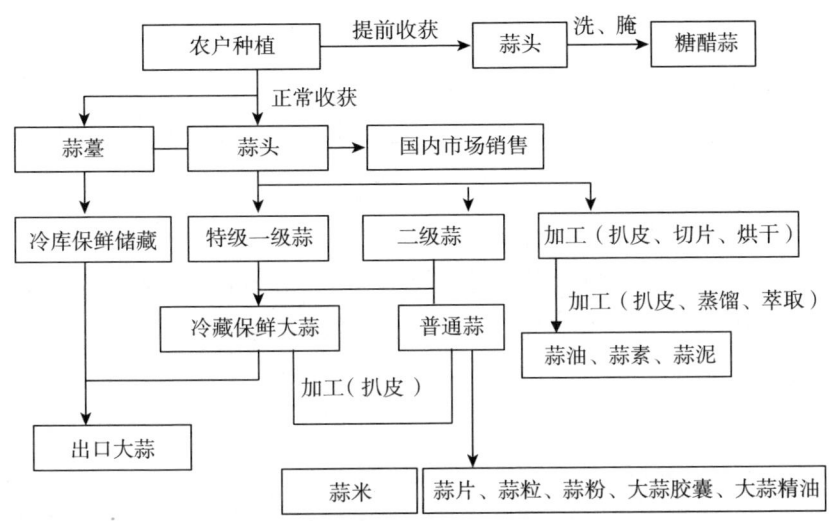

图 6-3 邳州大蒜产业链条示意

4. 产品品牌响，品质优势突出

邳州大蒜已经成为引领行业发展、具有符号意义的品牌。邳州大蒜拥有中国驰名商标 1 个、中国名牌农产品 1 个、省名牌产品 5 个、省著名商标 5 个；"邳州白蒜"获批国家地理标志产品、国家生态原产地保护产品，江苏省十强农产品区域公用品牌，品牌价值达 142 亿元。

5. 创新能力强，科技水平处于前列

种植、加工、管理等标准体系全面推广，建成全国绿色食品原料（大蒜）标准化生产基地。在全省率先建立了菜田健康卫士 PES 可视化监测数据系统，形成全程生产可追溯平台。牵头制定《黑蒜》国家标准和《地理标志产品——邳州白蒜》等 7 个地方标准，备案企业标准 20 个。建成大蒜研发中心和工程技术中心国家级 2 个、省级 3 个，在产品研发和食品安全检测等方面走在全国大蒜产业的前列。

三、发展前景：市场稳定、潜力巨大

大蒜产业发展前景广阔，开发潜力巨大。要抢抓机遇，充分发挥资源优势，提升产业实力，助推全市农业经济发展和产业结构调整，拓宽富民增收路径。

1. 市场需求空间巨大

大蒜具有很高的市场认可度和敏感性，从国际国内形势看，种植规模和产量、出口量稳步增长，客观反映了市场消费需求不断扩张。

目前，世界上近100个国家和地区生产大蒜，主要分布在亚洲、欧洲、南美洲和非洲，其中中国大蒜产量稳居世界第一，占全球比重达75.1%。印度、孟加拉国等次之，占比分别为9.45%、1.5%。世界大蒜种植面积及产量如图6-4所示。

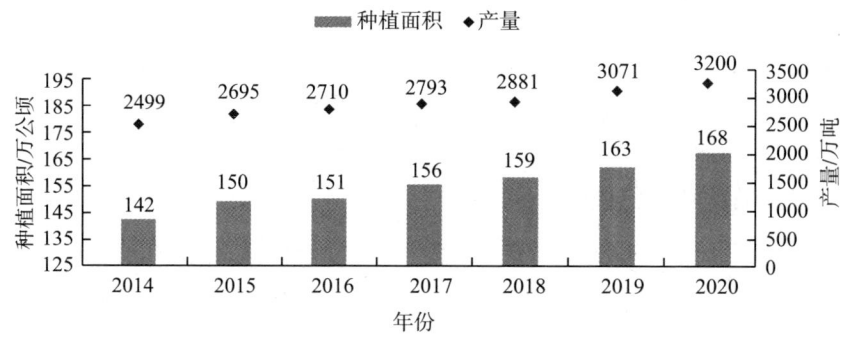

图6-4 世界大蒜种植面积及产量

大蒜作为我国小宗农产品的代表，近年我国种植面积基本保持在80万公顷左右[①]，2015—2020年产量基本呈增长趋势（图6-5）。

---

① 1公顷=15亩。

图 6-5　我国大蒜种植面积及产量

我国是全球最重要的大蒜出口国，大蒜出口量占世界总量的80%以上，大蒜出口量呈波动上涨态势。其主要出口东南亚、巴西、中东和欧美等地区，国际市场需求相对稳定。出口目的国排名前六分别是印度尼西亚、越南、美国、马来西亚、菲律宾及巴西，出口量占全国出口总量的68%。我国大蒜出口量如图6-6所示。

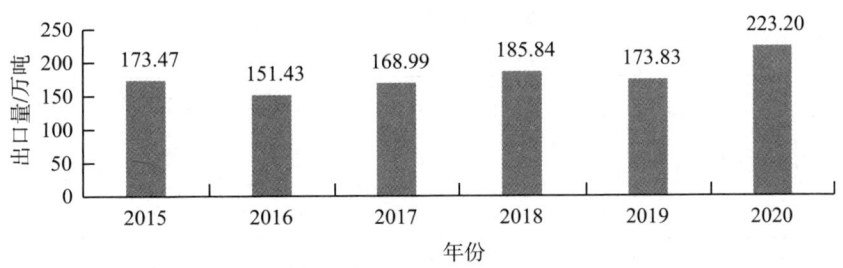

图 6-6　我国大蒜出口量

2. 产业竞争优势突出

目前，国内大蒜主产区主要分布在山东、河南、江苏、河北、云南、四川、安徽、甘肃等地（表6-1），2021年达753.5万亩，同比增加20.5万亩。国内著名产区有金乡、邳州、中牟、兰陵、杞县等（表6-2）。

邳州大蒜种植面积和产量处在全国前列，在生产标准化、经营产业化、产品外向化、服务网络化方面成效显著，上市之前通过分级、扒皮、去秆等做成净蒜，可直接出口，而金乡等其他产区主做通货混级，出口时再分级加工,邳州大蒜品质好于山东、河南等地,每千克价格较其高 0.4 元以上,在市场竞争中优势地位凸显。

表 6-1　国内大蒜主产区种植情况

单位:万亩

地区	2017 年	2018 年	2019 年	2020 年	2021 年
山东	393	413	319.75	341.5	349.5
河南	169.5	187	120.65	144.5	148
江苏	113	133	102.65	114.8	117.5
河北	31.5	34	27.2	31.7	33
云南	45	48	33.6	36.5	37.5
四川	40	42	29.4	32.3	34.5

表 6-2　国内著名产区种植情况

单位:万亩

地区	2017 年	2018 年	2019 年	2020 年	2021 年
山东金乡周边	155	165	123.75	127.5	129
江苏邳州及周边	65	80	65	72.5	74.5
山东金乡	58	55	49.5	53.2	54
河南杞县及周边	70	75	48.75	51	50
山东兰陵	33	38	34.2	36	36.8
山东商河及周边	30	35	30	30.4	31
河南中牟	40	35	22.7	26	27
江苏丰县及周边	24	28	21.4	22	22
江苏射阳及周边	24	25	16.25	20.3	21
河北大名、馆陶	20	22	17.6	20.2	21

3. 富民带动效益明显

目前,全市传统农业以小麦、大蒜、水稻、玉米两季作物为主,据近年情况看,扣除种子、肥料、农药、农膜、灌溉费(大蒜种子受当年价格影响加大,其他成本变动较小)等成本外,平均每年小麦收入为700元/亩;大蒜收入为4000元/亩,大蒜收入是小麦收入的5倍多,亩均效益较高。同时,全市有30多万人参与大蒜购销、加工,从业经纪人队伍为5200余人,每人月工资达4000元以上,富民潜力充足。

2021年鲜蒜亩产4000~4500斤,鲜蒜一斤晒成6两左右,大蒜(干蒜)单产1260公斤,同比减少65公斤,5月18日鲜蒜价格(统蒜)为1.5元/斤,按常年平均成本计算,亩均效益在3500元左右。2010—2020年亩均效益情况如表6-3所示。

表6-3 2010—2020年亩均效益情况

年份	价格/(元/公斤)	亩产值/元			生产成本/元		人工成本			亩均效益/元
		小计	大蒜	蒜薹	小计	种子	小计	用工数/(人·天)	用工价格/[元/(人·天)]	
2010	11.0	12 351	12 001	350	1965	1400	630	9	70	9756
2011	2.6	2807	2587	220	915	325	720	9	80	1172
2012	7.8	8022	7722	300	1520	975	900	9	100	5602
2013	2.6	3120	2860	260	932	325	900	9	100	1288
2014	3.0	3720	3450	270	875	375	900	9	100	1945
2015	4.6	5048	4738	310	1335	680	900	9	100	2813
2016	9.8	11 316	10 976	340	1870	1200	990	9	110	8456
2017	5.6	6766	6496	270	1490	810	1080	9	120	4196
2018	2.7	3443	3213	230	1050	400	1170	9	130	1223
2019	9.2	11 372	11 132	240	1740	1080	1350	9	150	8282
2020	5.2	6956	6786	170	1970	1350	1350	9	150	3636
平均	5.8	6811	6541.9	269.1	1423.8	810.9	990	9	110	4397.2

四、发展短板：基础薄弱、短板突出

近年来，受技术、市场、管理等方面的影响，大蒜资源优势没有得到有效利用，产业发展的潜力没有得到充分发挥。主要表现在以下几点。

1. 机械推广使用率较低

近年来，大蒜耕地、植保、分级机械化得到很大提升，机械化率达 95% 以上，但大蒜播种、收获、分瓣环节，受大蒜平播、间作种植模式及间距、行距不统一影响，还是以人工为主，劳动强度大，成本高。同时，全国大蒜相比粮食作物面积少，有实力的农业机械科研、生产单位积极性不高，导致大蒜收、种机械化水平偏低。

2. 综合技术创新能力不高

大蒜常规地膜标准化栽培技术相对成熟，但优质综合栽培技术纵深研究不足，节水灌溉、配方施肥、数字农业等应用率低，化学品投入量偏高，大蒜产量潜能没有充分发挥。同时，邳州市黑蒜、大蒜素、大蒜油等深加工工艺成熟，但生产规模小、成本偏高、价格昂贵，未形成大众消费产品。市场上仍然以蒜蓉、蒜粉、蒜片、蒜粒、糖醋蒜等初加工产品为主，科技含量不高，附加值低，保健品、药品等功能性产品方面与国际高端产品需求存在较大差距。

3. 企业深加工意愿不强

受供求关系、宏观经济政策、自然灾害、新蒜种植面积、市场参与者价格预期、市场资金状况和市场监管等影响，大蒜价格走势宽幅震荡，"蒜你狠""蒜你贱"时有发生，价格不稳定，加工业一次性投入大，收购资金集中、数额大，资金占用时间长、周转慢，导致企业深加工转型意愿不强。大蒜企业以出口保鲜大蒜的商贸流通企业为主，精深加工型龙头企业偏少，徐州市级以上仅 8 家，大蒜加工率不足总产量的 15%。

4. 市场竞争愈加激烈

随着我国区域经济和大蒜产业的发展，地方与区域竞争格局已全面形成。例如，山东的"中国蒜都"——金乡、"中国大蒜之乡"——苍山等，使

得邳州大蒜产业"买卖为主"的模式面临"空间挤压",国内贸易公司竞相压价,利润空间越来越小,制约大蒜产业健康发展。

五、发展建议

转型赋能打造样板,依托区位优势和资源特色,加快大蒜产业结构调整,实行规模化种植、标准化生产、产业化经营、品牌化销售,将特色产业变为优势产业,提高大蒜产业效益、促进农民增收,全力打造"中国大蒜第一"。

1.牵住"牛鼻子",强化产业硬核支撑

(1)加强产业招商。细梳产业链条,深化"1号工程",聚焦行业50强,大力引进科技含量高、带动能力强的大蒜精深加工、仓储物流等领域的"链主"项目,做大做强黎明、恒大、鑫瑞源等重点龙头企业,促进大蒜生产、加工、储运、贸易的全面提档升级,实现全市大蒜加工率、冷储能力全面提升。

(2)加快项目建设。围绕年度重大项目建设计划,细化项目投资、工程建设的时间节点,倒排工期、挂图作战,全力推进江苏福多美生物科技、徐州三友食品等重大项目建设,精准破解项目建设中的堵点难点,力争早日竣工投产。

(3)创新经营机制。统筹抓好家庭农场、农民合作社、农业龙头企业、新型职业农民等各类新型主体,培育建立"集体经济组织+公司+农户"利益联结机制。

(4)发挥产业联合体作用,加强市场需求预测、最新技术动态、世贸规则及进出口检验检疫要求等方面研究,推动"龙头带动、连锁营销",在保护好蒜农利益的同时,促进龙头企业稳固发展。

2.打造"强引擎",增强产业创新能力

(1)完善标准体系。大力推广种植、加工、管理等标准体系,做到种植有规范、质量有标准、生产有流程、产品有标志、市场有监测。加快建立健全大蒜重点基地档案和可追溯制度,推行生产、加工、包装各环节全产业链监管,牢牢把握全国乃至全球大蒜产业话语权。

（2）增强科技能力。加强种质资源保护和生物育种基础研究，开展种源"卡脖子"技术攻关，加快建设140亩大蒜种质资源圃和2000亩良种繁育基地，研发推广"邳蒜1号""邳蒜2号"优质品种，加强良繁体系建设。整合大蒜领域研究力量，加强与茅台、古越龙山等的合作，开发生产大蒜酒、大蒜精油等大蒜食品、保健品、生物制药产品，进一步提高产品附加值。

（3）提高装备水平。大力发展数字农业，建设全流程监管平台，对种植结构、土壤改良、投入品使用进行全程控制，实现从田间到"指尖"的变革。探索大蒜农机农艺融合路径，加强与有实力的农业机械科研、生产单位合作，突出抓好大蒜种植、收获和大蒜分瓣等关键环节生产机械化技术试验示范，推动大蒜生产机械化水平不断提升。

3. 抓好"大融合"，促进产业提质增效

（1）加强专业市场建设。抓好宿羊山大蒜专业市场规划建设，打造集产品交易、检验检测、仓储物流、电子商务、信息发布为一体的大蒜交易中心，使之成为跨地区辐射全国的大型交易市场。加快推动碾庄黄滩桥大蒜交易市场发展，对赵墩、碾庄、八义集、宿羊山、车辐山等短期大蒜市场长廊沿线进行统一规划，加强安全管理。

（2）建强现代农业园区。创新组织管理，探索建立"园长制"，引导金融、社会资本投入产业园建设，加快完善园区公共基础设施，扎实推进大蒜深加工产业孵化基地、农旅休闲等项目建设，发展都市休闲农业、农村电商等新兴业态，形成"一点辐射一面"的积极效应，确保建成产业特色鲜明、要素高度集聚、辐射带动有力的国家级现代农业产业园，推动农村第一、第二、第三产业融合发展。

（3）打响区域公用品牌。坚持区域公用品牌和企业自主品牌培育同步推进，深入挖掘大蒜产业文化，培育特色文化品牌，举办大蒜产业招商推介、直播带货等系列活动，放大"邳州白蒜"品牌价值和市场竞争力。加快营销模式的转型升级，建立大蒜"智慧"供应链，鼓励企业"走出去"，实现推广渠道多元化，促进邳州大蒜优质优价、品牌溢价。

4. 优化"软环境"，助推产业高端发展

（1）编好政策"篮子"。认真落实国家和省市各类农业发展政策意见，结合区域发展实际,及时调整并反馈"十四五"实现大蒜产业发展政策需求。整合市级各类扶持政策,研究细化关于大蒜种植加工补贴、关键性问题集中攻关等支持力度,出台相关奖励扶持意见。

(2)划好规划"盘子"。一方面,进一步争取省、市支持,力争更多重大项目、重大政策被纳入上级规划"盘子",持续深化拓展邳州大蒜"十四五"高质量发展空间;另一方面,编制好邳州大蒜产业"十四五"发展规划,认真谋划"十四五"时期发展的目标、思路和举措,提升在逆风逆水外部环境下勇于开顶风船、善于化危为机的能力。

(3)用好资金"袋子"。最大力度做好向上对接,努力吃透上级政策,积极争取各类资金支持。同时,提高市级专项资金的使用效益,发挥资金的"撬动"作用,大力培育领军型、成长型等大蒜加工龙头骨干企业,打造全国一流大蒜产业集聚区。

第二节 大蒜地膜覆盖绿色栽培

邳州大蒜是蒜头专用型品种,邳州大蒜商品特色突出,蒜头色白、个大、辛辣、质优、不散瓣,享誉海内外市场[40]。地膜覆盖综合栽培技术的应用能够提升大蒜栽培的质量和产量,它能提高地温、减少苗期冻害、防止地面水分蒸发,是当前使用较为广泛的栽培技术之一[41]。

一、经济效益分析

地膜覆盖的温度效应,使大蒜地膜覆盖栽培后抽薹期可提前6~10天,成熟期可提前5~8天。早熟为早收创造了条件,可有效地调节下茬作物的栽培期。利用地膜覆盖,蒜薹可增产55.35%,蒜头可增产44.8%。

二、生态效益分析

地膜的不透水性降低了土壤水分蒸发量,有利于土壤的保墒防旱。所以大蒜进行地膜覆盖后,可以减少浇水次数,早春可避免浇水降低地温,为植株生长创造了有利条件。地膜覆盖后可增强土壤保水保肥能力，提高养分利用率，保持土壤疏松，防止浇水过多发生的地面板结，故可有效地改善土壤环境条件。大蒜进行地膜覆盖后还可减少病虫害的发生。地膜阻挡种蝇在蒜根周围产卵，减少根蛆危害。地膜覆盖也可抑制杂草的产生，减少危害。

第三节 大蒜地膜减量替代

要开展大蒜地膜减量替代技术研究、集成与示范，其主要包括全生物降解地膜、强化耐候地膜应用试验与评价。

【试验一：降解膜试验】

1 总体技术目标与思路

1.1 主要技术路线

利用厂家提供的4种全生物降解地膜、1种强化耐候地膜及1种本地膜（对照），共6个处理，在邳州宿羊山镇贾家农场大蒜田地块进行试验，采用随机区组排列、3次重复的方式，对各处理进行统一农艺管理，认真调查各个关键生育期大蒜生长情况及地膜裂解情况，以期得出各种膜对邳州大蒜在产量、品质等方面的影响，为下一步生物降解膜在大蒜生产中的应用提供科学依据。

1.2 实施方案

该试验在邳州宿羊山镇贾家农场进行。该地块前期作物为玉米，土壤肥力均匀，适合大蒜生长。试验品种为邳州白蒜，栽培密度为13 cm×20 cm，亩栽培2.5万株左右。试验地膜主要选用苏州中达航材料科技有限公司、上海宏睿生物科技有限公司、祉坤（厦门）科技有限公司、常州市百利基科技有限公司、南通龙达生物新材料科技有限公司、莒南县益民塑料制品厂等6家企业提供的5种类型地膜，其中4种全生物降解地膜、1种强化耐候地膜，用本地常用地膜作为对照。试验地膜种类如表1所示。

表 1　试验地膜种类

序号	试验产品	厂家	说明	厚度
1	1	苏州中达航材料科技有限公司	白色	WD01H，0.01 mm
2	2	上海宏睿生物科技有限公司	白色	0.01 mm
3	3	祉坤（厦门）科技有限公司	白色	0.01 mm
4	4	常州市百利基科技有限公司	白色	0.006 mm
5	5	南通龙达生物新材料科技有限公司	白色	0.01 mm，强化耐候地膜
6	6	莒南县益民塑料制品厂	白色	0.01 mm CK

1.3　执行、完成情况

露地栽培。试验地总面积为 4 亩。大蒜南北行方向播种，地膜宽 2 m，每个小区宽 2 m、长 60 m，四周设保护行（图 1）。本试验共 6 个处理，每种地膜（含常规 PE 地膜 CK）为 1 个处理，随机区组设计，3 次重复。实际种植平均行距为 20 cm，平均株距为 13 cm，平均密度为每亩 2.5 万株左右，每个处理密度相差较小。小区面积为 120 m^2，各小区田间管理措施一致。于 2022 年 10 月 1 日播种覆膜。整地时亩施硫酸钾型复合肥（N、P$_2$O$_5$、K$_2$O 含量各占 17%）50 kg、生物菌肥 50 kg；返青期和膨大期分别亩追施高氮冲施肥 35 kg；结合土壤墒情浇水 2 次。从播种至采收，每月至少到田间调查 2 次，用文字详细记录了大蒜生长情况及生物降解膜裂解情况，并拍照记录。2023 年 5 月 17 日，在每个小区选取 40 m^2 收获、调查、测产，总测产面积为 720 m^2；5 月 18 日，把从每个小区获取的蒜头样品带回考种，至此已全部圆满完成试验在田间的工作。下一步对数据进行分析、总结汇总，形成试验总结。

	重复一	重复二	重复三		
	保护行				
	1	5	2		
	2	6	3		
保护行	3	1	1	保护行	
	4	4	4		
	5	2	5		
	6	3	6		
	保护行				

图 1　田间排列

2　试验结果与分析

2.1　不同覆膜处理对土壤温度、湿度的影响

将温度计、湿度计的探头放在地表下 10 cm 处和地表与地膜之间，记录土壤温度、湿度，记录时间为每天早上 5 点和下午 13 点，后期分析不同地膜对土壤温度和湿度的影响。因数据太多，我们选取 2022 年 11 月 25 日、2022 年 12 月 25 日、2023 年 1 月 25 日、2023 年 2 月 25 日、2023 年 3 月 25 日、2023 年 4 月 25 日这几个日期早上 5 点和下午 13 点的温度、湿度进行比较，结果如表 2 至表 5 所示。

表 2　邳州地块地表温度记录

单位：℃

时间	温度 A1	温度 A2	温度 A3	温度 A4	温度 A5	温度 A6
2022 年 11 月 25 日 5 点	10.29	10.26	10.04	9.58	10.38	10.73
2022 年 11 月 25 日 13 点	22.33	25.89	21.63	23.96	24.59	24.72
2022 年 12 月 25 日 5 点	−1.46	−2.28	−2.09	−2.83	−1.51	−2.23
2022 年 12 月 25 日 13 点	10.48	14.39	5.77	7.10	8.08	12.88
2023 年 1 月 25 日 5 点	−3.40	−3.92	−3.97	−4.12	−3.21	−3.63

续表

时间	温度 A1	温度 A2	温度 A3	温度 A4	温度 A5	温度 A6
2023年1月25日13点	1.88	1.52	1.00	0.67	1.44	1.44
2023年2月25日5点	4.92	5.67	5.35	3.96	4.70	5.88
2023年2月25日13点	24.42	24.72	21.37	15.43	30.22	20.48
2023年3月25日5点	4.55	6.54	4.88	2.59	3.96	6.41
2023年3月25日13点	24.44	20.08	23.02	25.82	26.69	22.30
2023年4月25日5点	12.64	12.97	12.36	12.36	12.57	13.32
2023年4月25日13点	18.66	19.09	20.42	18.66	21.00	19.84

从表2看，在最冷的12月、1月、2月，处理4的保温性最差。

表3　邳州地块地表下10 cm温度记录

单位：℃

时间	温度 A1	温度 A2	温度 A3	温度 A4	温度 A5	温度 A6
2022年11月25日5点	13.35	13.92	13.50	13.15	13.59	14.00
2022年11月25日13点	15.08	15.63	14.82	15.11	15.54	15.80
2022年12月25日5点	3.43	3.66	3.51	2.86	3.21	3.58
2022年12月25日13点	3.32	3.66	3.32	2.63	3.05	3.43
2023年1月25日5点	3.05	3.28	2.98	2.47	2.86	3.13
2023年1月25日13点	2.59	2.86	2.59	2.16	2.43	2.75
2023年2月25日5点	8.04	8.37	8.21	7.10	8.54	8.71
2023年2月25日13点	9.07	9.46	9.07	7.91	9.81	9.75
2023年3月25日5点	10.89	10.89	10.95	10.38	11.07	11.38
2023年3月25日13点	13.21	13.71	13.15	12.51	13.92	13.68
2023年4月25日5点	14.50	14.76	14.62	14.36	14.85	14.99
2023年4月25日13点	15.65	16.34	15.77	15.68	16.25	16.22

从表3看,12月、1月、2月、3月地表下10 cm处理4的温度总体上也是最低的。

表4 邳州地块地表水分记录

单位：%

时间	水分 A1	水分 A2	水分 A3	水分 A4	水分 A5	水分 A6
2022年11月25日5点	22.18	23.13	24.85	24.85	21.18	21.23
2022年11月25日13点	22.81	24.15	26.36	25.93	22.27	21.86
2022年12月25日5点	11.22	6.93	9.77	9.40	8.57	4.67
2022年12月25日13点	15.51	12.70	16.75	17.10	15.05	10.90
2023年1月25日5点	4.84	4.13	6.22	4.21	4.46	1.63
2023年1月25日13点	8.12	7.03	11.27	6.81	8.12	5.27
2023年2月25日5点	6.98	10.05	10.10	8.24	9.98	11.06
2023年2月25日13点	7.39	10.74	10.74	8.95	10.54	12.05
2023年3月25日5点	3.52	12.43	7.90	5.13	6.74	7.95
2023年3月25日13点	3.75	13.20	8.33	5.62	7.39	8.74
2023年4月25日5点	19.87	17.92	8.33	17.00	14.24	13.01
2023年4月25日13点	19.98	17.98	8.78	16.89	16.24	12.90

表5 邳州地块地表下10 cm水分记录

单位：%

时间	水分 A1	水分 A2	水分 A3	水分 A4	水分 A5	水分 A6
2022年11月25日5点	16.24	19.41	19.52	25.99	16.75	19.41
2022年11月25日13点	16.38	19.52	19.52	26.32	16.89	19.46
2022年12月25日5点	14.39	15.93	16.34	22.38	15.83	16.79
2022年12月25日13点	14.24	15.87	16.07	22.22	15.41	16.79
2023年1月25日5点	16.34	18.47	18.34	23.93	18.22	18.22
2023年1月25日13点	15.76	18.08	17.30	23.49	17.46	17.92

续表

时间	水分A1	水分A2	水分A3	水分A4	水分A5	水分A6
2023年2月25日5点	20.55	18.34	20.19	23.93	19.04	18.75
2023年2月25日13点	20.55	18.43	20.19	23.98	19.16	18.79
2023年3月25日5点	16.38	13.51	14.50	18.43	14.61	13.66
2023年3月25日13点	16.55	13.77	14.44	18.59	15.05	13.51
2023年4月25日5点	18.02	14.76	20.81	22.38	20.04	17.10
2023年4月25日13点	17.82	15.05	20.81	22.49	20.04	16.96

2.2 不同覆膜处理对大蒜生物量的影响

生物学特性调查如表6、表7所示。

表6 生物学特性调查（2023年3月1日）

单位：cm

调查项目小区	株高	开展度	假茎粗	叶长	叶宽
1	18.6	27.7	1.0	22.7	2.1
2	21.7	31.9	1.2	25.4	2.4
3	19.7	31.4	1.2	23.3	2.2
4	16.9	21.6	1.0	20.4	1.8
5	18.8	24.7	1.0	19.9	1.8
6	20.2	27.7	1.2	21	2.0

表7 生物学特性调查（2023年4月12日）

单位：cm

调查项目小区	株高	开展度	假茎粗	叶长	叶宽
1	45.9	42.4	1.6	45.0	2.9
2	48.8	41.0	1.5	43.3	2.9

续表

调查项目小区	株高	开展度	假茎粗	叶长	叶宽
3	39.8	37.6	1.5	43.0	3.0
4	38.9	38.9	1.3	40.6	2.7
5	42.0	42.0	1.4	44.9	2.9
6	42.2	42.2	1.2	38.4	2.5

2.3 不同覆膜处理对大蒜产量的影响

每个小区选择宽2 m、长20 m的区域，调查区域内大蒜株数，计算实际种植密度；区域内大蒜全部计产，据此计算理论产量。不同处理产量调查如表8所示，不同处理大蒜头调查如表9所示。

表8 不同处理产量调查

小区编号	测产面积/m^2	栽培密度/株	产量（重复一）/kg	产量（重复二）/kg	产量（重复三）/kg	平均产量/kg	折合亩产/kg	产量排名
1	40	13×20	53.42	60.12	60.04	57.86	964.82	4
2	40	13×20	51.62	57.22	59.66	56.17	936.63	5
3	40	13×20	57.04	65.98	62.08	61.7	1028.85	2
4	40	13×20	49.92	55.80	58.90	54.87	914.96	6
5	40	13×20	58.30	57.02	60.68	58.67	978.32	3
6	40	13×20	60.96	61.02	69.74	63.91	1065.70	1

表9 不同处理大蒜头调查

地膜编号	蒜头重/g	横径/cm	纵径/cm
1	53.1	5.22	3.59
2	51.9	4.99	3.60
3	63.8	5.59	3.74

续表

地膜编号	蒜头重 /g	横径 /cm	纵径 /cm
4	47.7	4.92	3.57
5	58.7	5.38	3.78
6	68.7	5.58	3.97

2.4 贾汪地块产量调查结果

每个小区选择宽 2 m、长 10 m 的区域，调查区域内大蒜株数，计算实际种植密度；区域内大蒜全部计产，据此计算理论产量。贾汪地块测产如表 10 所示。

表 10 贾汪地块测产

小区编号	测产面积 /m²	栽培密度 /株	产量（重复一）/kg	产量（重复二）/kg	平均产量 /kg	折合亩产 /kg	产量排名
1	20	13×20	60.05	54.15	50.73	1688	2
2	20	13×20	51.60	48.95	45.18	1504	4
3	20	13×20	57.80	51.05	46.68	1554	3
4	20	13×20	48.35	40.25	40.67	1354	6
5	20	13×20	53.10	48.25	44.78	1491	5
6	20	13×20	60.10	58.60	51.90	1728	1

贾汪地块肥力正常，产量接近正常值，亩产比较结果见表 10 的产量排名。贾汪地块大蒜头调查如表 11 所示。

表 11 贾汪地块大蒜头调查

地膜编号	蒜头重 /g	横径 /cm	纵径 /cm
1	70.3	5.74	3.85

续表

地膜编号	蒜头重/g	横径/cm	纵径/cm
2	73.6	5.77	3.88
3	78.4	5.94	3.79
4	66.8	5.57	3.85
5	80.5	6	4.08
6	98.8	6.22	4.23

2.5 不同地膜裂解情况调查

从田间观察与记录情况看，处理4地膜降解较快，2022年10月20日已经到了开裂期；处理1、处理2到2023年2月1日及之后才到开裂期；处理3到2023年3月1日才到开裂期。

从2022年10月1日覆膜，至2023年2月1日，除处理4外，其他生物降解膜裂解情况变化不明显。2023年4月下旬需要人力进入田间抽蒜薹施肥、浇水等，会发生踩踏，膜基本进入大裂期。2023年5月17日为采收日期，经过人工踩踏、机械碾压，已经全部进入碎裂期。地膜裂解情况记录如表12所示。

表12　生物降解地膜裂解情况记录

处理	诱导期	开裂期	大裂期	碎裂期	无膜期
1	2023-01-01	2023-03-01	2023-04-12	2023-05-09	—
2	2023-01-01	2023-02-01	2023-03-22	2023-05-09	—
3	2023-02-01	2023-03-01	2023-03-31	2023-05-14	—
4	2022-10-10	2022-10-20	2023-02-01	2023-04-17	—

3 形成的技术资料

形成《全生物降解地膜及强化耐候地膜在大蒜地膜减量替代试验中的应用效果分析》论文1篇，并在《蔬菜》杂志2022年第11期上发表。

4 存在的问题及下一步打算

（1）不同地膜处理病虫草害发生情况。覆膜前喷洒了除草剂，整个生长期间基本没有草害。

（2）用工比较。在覆膜时，所有地膜都为2 m宽度，覆膜用工成本为100元/亩，降解膜在后期直接翻入土，减少了捡拾成本100元/亩，也减轻了土地污染，利于长久。

（3）结果与讨论。从田间裂解速度及产量分析看：只有4号膜降解较快，1号、2号、3号、4号膜基本适合在大蒜生产中使用。大蒜全生育期为7个月，降解地膜至少需要坚持5个月进入诱导期才能符合大蒜栽培需要。虽然有的地膜裂解慢一些，但是进入诱导期后，地膜破裂出现很多小缝隙，也会对越冬的大蒜在保温、保湿方面造成很大的影响。因此，厂家需要调整配方，使其降解得慢一些，使地膜能在大蒜越冬期起到保温、保湿的效果，从而真正起到增产和减少地膜污染的作用，给蒜农带来实惠，让蒜农能够接受换膜。

（4）对于大蒜在地膜覆盖厚度为0.006 mm以上时出苗问题，应从以下两个方面着手：一是铺地膜时把地膜拉紧，地膜四周用土压实；二是边铺地膜边在地膜上撒上一层薄薄的细土。生产实践证明：在地膜上撒土既有镇压地膜从而防止地膜被大风刮破的作用，又有助于大蒜破膜出苗，减少人工破膜的工作量，并且能减缓地膜的降解速度。

下一步将继续做生物降解地膜在大蒜生产中的应用试验，在更多厂家、更多品种中挑选裂解期长、至少150天后进入诱导期的降解地膜进行试验。

第四节 大蒜地膜回收再利用技术

【试验二：大蒜地膜减量替代技术试验】

为了比较验证不同类型全生物降解地膜和强化耐候地膜在大蒜生产上的生物效应，以徐蒜917大蒜品种为试验材料，设计大蒜地膜减量替代技术试验，对4种全生物降解地膜和1种强化耐候地膜的保温、保墒、降湿效果，以及其对大蒜生长发育、产量及土壤生物理化性状的影响进行研究分析，以便为地膜减量替代提供科学的技术参数、成本核算和技术指导方案。试验总结如下：

1 试验设计

本试验设在邳州市宿羊山镇贾家农场大蒜生产基地，以徐蒜917为试验作物。试验地膜选用江苏中科金龙环保新材料有限公司、上海弘睿生物科技有限公司、南通华盛新材料股份有限公司、临沂兰山区长青塑料厂等4家企业提供的4种全生物降解地膜、1种强化耐候地膜和1种普通PE地膜。降解地膜产品按照最长裂解期设计生产，对照地膜（CK2）为常规PE地膜，另外设置不盖地膜处理为对照CK1（表1）。

表1 试验地膜处理设置

序号	试验产品	厂家	宽幅/m	地膜颜色	说明
1	CK1	—			不盖地膜
2	PE膜（CK2）	临沂兰山区长青塑料厂	2.0	白色	普通PE地膜，标称厚度为0.006 mm
3	降解膜1	江苏中科金龙环保新材料有限公司	0.9	白色	CO_2基PPC多元醇材料，标称厚度为0.01 mm
4	降解膜2	上海弘睿生物科技有限公司	1.2	黑色	PLA生物降解材料，标称厚度为0.006 mm

续表

序号	试验产品	厂家	宽幅/m	地膜颜色	说明
5	降解膜3	上海弘睿生物科技有限公司	1.2	白色	PLA 生物降解材料,标称厚度为 0.008 mm
6	降解膜4	南通华盛新材料股份有限公司	1.2	白色	PBAT 生物降解材料,标称厚度为 0.01 mm
7	强化耐候地膜	南通华盛新材料股份有限公司	1.2	银黑色	标称厚度为 0.01 mm

共设置7个处理,包括不覆膜对照(CK1)、常规PE地膜(CK2)及降解膜1、降解膜2、降解膜3、降解膜4、强化耐候地膜等5种地膜处理,每个处理设置3次重复,随机区组排布;每个小区面积为 $10\sim12\ m^2$(南北长10 m,宽度因试验地膜宽幅而定),四面设置保护行(行宽1 m);7个小区采取统一农艺管理措施,于2019年10月25日播种,当日喷施除草剂后覆膜。亩施精制生物有机肥1000 kg、硫酸钾型复合肥(N、P_2O_5、K_2O 含量各占15%)70 kg。返青期和膨大期分别亩追施尿素10 kg,并因土壤墒情浇水两次;2020年5月20日收获,实际种植平均行距为22 cm、平均株距为13.5 cm,平均密度为22 458株,每个处理密度相差较小。

调查内容主要包括大蒜生长势(生长指标)、地膜降解、表土温度和湿度、病害发生、土壤生物理化指标等。

2 结果分析

2.1 不同覆膜处理对大蒜生长势的影响

田间考查采取定点定株的方法,在不同时期对每个处理的苗情长势进行考查,比较出不同覆膜处理对大蒜生长势的影响。

据2020年3月31日考查,平均单株生物量积累(单株重)处理6(降解膜4)最高,从高至低依次为降解膜4、强化耐候地膜、PE膜(CK2)、降解膜3、降解膜2、降解膜1,依次为 88.84 g、71.34 g、65.52 g、48.31 g、47.38 g、46.86 g;分别比不覆膜(CK1)41.26 g 多 47.58 g、30.08 g、24.26 g、7.05 g、6.12 g、5.6 g(表2)。

从田间植株叶色、假茎高和假茎粗等长势指标看,叶片数多、叶色深绿、假茎秆较粗等长势基本和生物量积累一致(图1)。

表2 长势调查结果(2020年3月31日)

处理		株高/cm	株幅/cm	叶长/cm	叶宽/cm	假茎高/cm	假茎粗/mm	叶片数/片	叶鲜重/g	假茎鲜重/g	单株重/g	折合每亩鲜重/kg
处理1	不覆膜(CK1)	48.6	18.8	40	3.14	15.2	13.95	7.2	23.54	17.73	41.26	1114.13
处理2	PE膜(CK2)	58.6	29.4	45.2	3.52	19.3	15.91	8.2	33.06	32.46	65.52	1768.93
处理3	降解膜1	56	19.8	41.6	3.34	15.8	14.37	7.2	26.09	20.77	46.86	1265.22
处理4	降解膜2	55.6	23	42.8	3.34	16.1	14.05	7.2	24.87	22.51	47.38	1279.21
处理5	降解膜3	53.4	22	40.2	3.26	16.2	14.57	7.2	25.12	23.18	48.31	1304.26
处理6	降解膜4	64	32.6	49.6	4.02	19.4	17.93	8.2	43.9	44.93	88.84	2398.57
处理7	强化耐候地膜	57	26.2	47	3.74	18.2	16.9	8.2	36.57	34.77	71.34	1926.23

处理1(不覆膜,CK1) 处理2(PE膜,CK2) 处理3(降解膜1)

处理 4（降解膜 2） 处理 5（降解膜 3） 处理 6（降解膜 4） 处理 7（强化耐候地膜）

图 1　各处理田间蒜苗长势（2020 年 3 月 31 日）

据 2020 年 5 月 20 日考查，不同地膜处理对大蒜横径、纵径影响大小不同，一级鳞茎比例差别也比较大，其中 CK1 平均横径 5.65 cm、纵径 3.81 cm，一级鳞茎比例为 40%；CK2 平均横径 7.12 cm、纵径 4.80 cm，一级鳞茎比例为 100%；降解膜 1 平均横径 5.76 cm、纵径 3.87 cm，一级鳞茎比例为 50%；降解膜 2 平均横径 5.96 cm、纵径 3.94 cm，一级鳞茎比例为 50%；降解膜 3 平均横径 5.86 cm、纵径 4.04 cm，一级鳞茎比例为 40%；降解膜 4 平均横径 7.70 cm、纵径 5.10 cm，一级鳞茎比例为 100%；强化耐候地膜平均横径 8.01 cm、纵径 5.26 cm，一级鳞茎比例为 100%。

按照横径大小排序依次为处理 7、处理 6、处理 2、处理 4、处理 5、处理 3、处理 1，即强化耐候地膜、降解膜 4、PE 膜（CK2）、降解膜 2、降解膜 3、降解膜 1、不覆膜（CK1）（表 3、图 2）。产量影响明显：产量大小依次为处理 7、处理 6、处理 2、处理 4、处理 5、处理 3、处理 1，分别为 2034.69 kg、1975.74 kg、1790.46 kg、1232.94 kg、1197.57 kg、1184.10 kg、1153.78 kg。

表 3 大蒜生长指标记载

处理	播种时间	株高/cm	株幅/cm	叶片数/片	叶长/cm	叶宽/cm	假茎高/cm	假茎粗/cm	收获时间	横径/cm	纵径/cm	单头鳞茎（鲜重）/g	一级鳞茎比例	每亩产量/kg
处理1 不覆膜（CK1）	2019-10-25	72	21.8	5.47	41.66	3.24	29.9	1.67	2020-05-20	5.65	3.81	68.5	40%	1153.78
处理2 PE膜（CK2）	2019-10-25	80.3	32.4	6.05	46.13	3.6	32.6	2.21	2020-05-20	7.12	4.80	106.3	100%	1790.46
处理3 降解膜1	2019-10-25	75.9	22.8	5.16	42.58	3.28	31.5	1.62	2020-05-20	5.76	3.87	70.3	50%	1184.10
处理4 降解膜2	2019-10-25	69.4	26.0	5.20	36.34	3.01	28.5	1.48	2020-05-20	5.96	3.94	73.2	50%	1232.94
处理5 降解膜3	2019-10-25	68.5	25.0	5.30	39.27	2.60	29.7	1.52	2020-05-20	5.86	4.04	71.1	40%	1197.57
处理6 降解膜4	2019-10-25	85.7	35.6	5.60	56.42	3.50	32.1	2.17	2020-05-20	7.70	5.10	117.3	100%	1975.74
处理7 强化耐候地膜	2019-10-25	79.3	29.2	5.75	52.36	3.95	28.7	2.16	2020-05-20	8.01	5.26	120.8	100%	2034.69

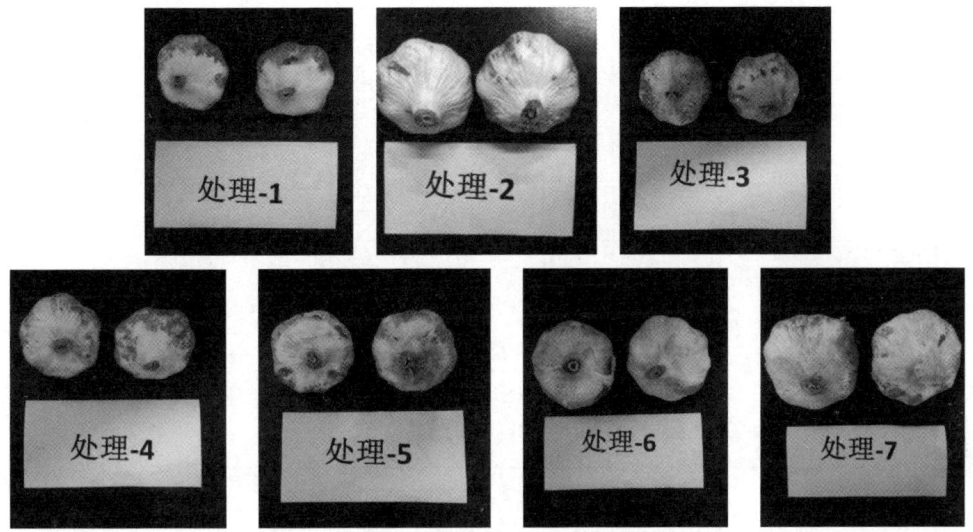

图 2 各处理头蒜横径、纵径比较

2.2 不同覆膜处理大蒜产量比较

据 2020 年 5 月 20 日考查，对各处理植株生长指标进行综合调查统计，徐蒜 917 出苗率较高，每个处理密度相差小，按照统一密度计算，不同地膜处理对大蒜后期产量差异影响较大（表 4）。不覆膜（CK1）单头鳞茎重 68.5 g，最小，折实每亩产量 1153.787 kg；PE 膜（CK2）单头鳞茎重 106.3 g，较不覆膜（CK1）增加 37.8 g，增长 55.18%；处理 7（强化耐候地膜）单头鳞茎重 120.8 g，最大，较不覆膜（CK1）增加 52.3 g，增长 76.35%，较 PE 膜（CK2）增加 14.5 g，增长 13.64%；降解膜 1 单头鳞茎重 70.3 g，较不覆膜（CK1）增加 1.8 g，增长 2.63%，较 PE 膜（CK2）减少 36.0 g，减少 33.87%；降解膜 2 单头鳞茎重 73.2 g，较不覆膜（CK1）增加 4.7 g，增长 6.86%，较 PE 膜（CK2）减少 33.1 g，减少 31.14%；降解膜 3 单头鳞茎重 71.1 g，较不覆膜（CK1）增加 2.6 g，增长 3.80%，较 PE 膜（CK2）减少 35.2 g，减少 33.11%；降解膜 4 单头鳞茎重 117.3 g，较不覆膜（CK1）增加 48.8 g，增长 71.24%，较 PE 膜（CK2）增加 11.0 g，增长 10.35%；按照折实每亩产量大小排序依次为处理 7、处理 6、处理 2、处理 4、处理 5、处理 3、处理 1，即强化耐候地膜、降解膜 4、PE 膜（CK2）、降解膜 2、降解膜 3、降解膜 1、不覆膜（CK1）。

表 4 各处理大蒜产量比较

处理		单头鳞茎重（鲜重）/g	较CK1增减/g	较CK1增减幅度	较CK2增减/g	较CK2增减幅度	折实每亩产量/kg	较CK1增减/g	较CK1增减幅度	较CK2增减/g	较CK2增减幅度
处理1	不覆膜（CK1）	68.5					1153.78				
处理2	PE膜（CK2）	106.3	37.8	55.18%			1790.46	636.68	55.18%		
处理3	降解膜1	70.3	1.8	2.63%	-36.0	-33.87%	1184.10	30.32	2.63%	-606.36	-33.87%
处理4	降解膜2	73.2	4.7	6.86%	-33.1	-31.14%	1232.94	79.16	6.86%	-557.52	-31.14%
处理5	降解膜3	71.1	2.6	3.80%	-35.2	-33.11%	1197.57	43.79	3.80%	-592.89	-33.11%
处理6	降解膜4	117.3	48.8	71.24%	11.0	10.35%	1975.74	821.96	71.24%	185.28	10.35%
处理7	强化耐候地膜	120.8	52.3	76.35%	14.5	13.64%	2034.69	880.91	76.35%	244.23	13.64%

2.3 不同覆膜处理对土壤环境的影响

将自动温湿度记录仪（GSP-6）、温度记录仪（RC-4）等探头分别埋在表土层 –10 cm 和 0 cm 处，每 10 天测定 1 次日出前（早上 5:00）、上午 9:00、下午 13:00 的温度、湿度数据。

（1）不同覆膜处理对土壤温度的影响。结果显示（图 3、图 4），地表土壤温度随气温变化，而 –10 cm 处土壤温度变化幅度较小。

表土层 0 cm 处土壤温度每 10 日的变化趋势如图 3 所示。其中，从表土层 0 cm 处上午 9:00 和下午 13:00 的温度变化来看 [图 3（b）、图 3（c）]，处理 7（强化耐候地膜）的保温效果最好，处理 1（不覆膜，CK1）的保温效果最差。

表土层 –10 cm 处土壤温度每 10 日的变化趋势如图 4 所示。其中，从表土层 –10 cm 处早上 5:00 的温度变化来看 [图 4（a）]，处理 1（不覆膜，CK1）的保温效果最差，保温效果不太明显。而从表土层 –10 cm 处上午 9:00 和下午 13:00 的温度变化来看 [图 4（b）、图 4（c）]，处理 6（降解膜 4）的保温效果最好，处理 1（不覆膜，CK1）的保温效果仍最差。

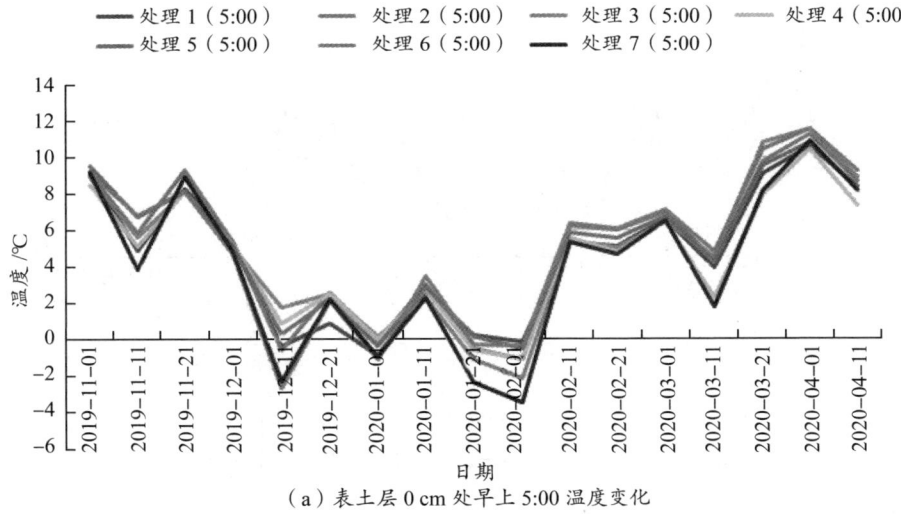

（a）表土层 0 cm 处早上 5:00 温度变化

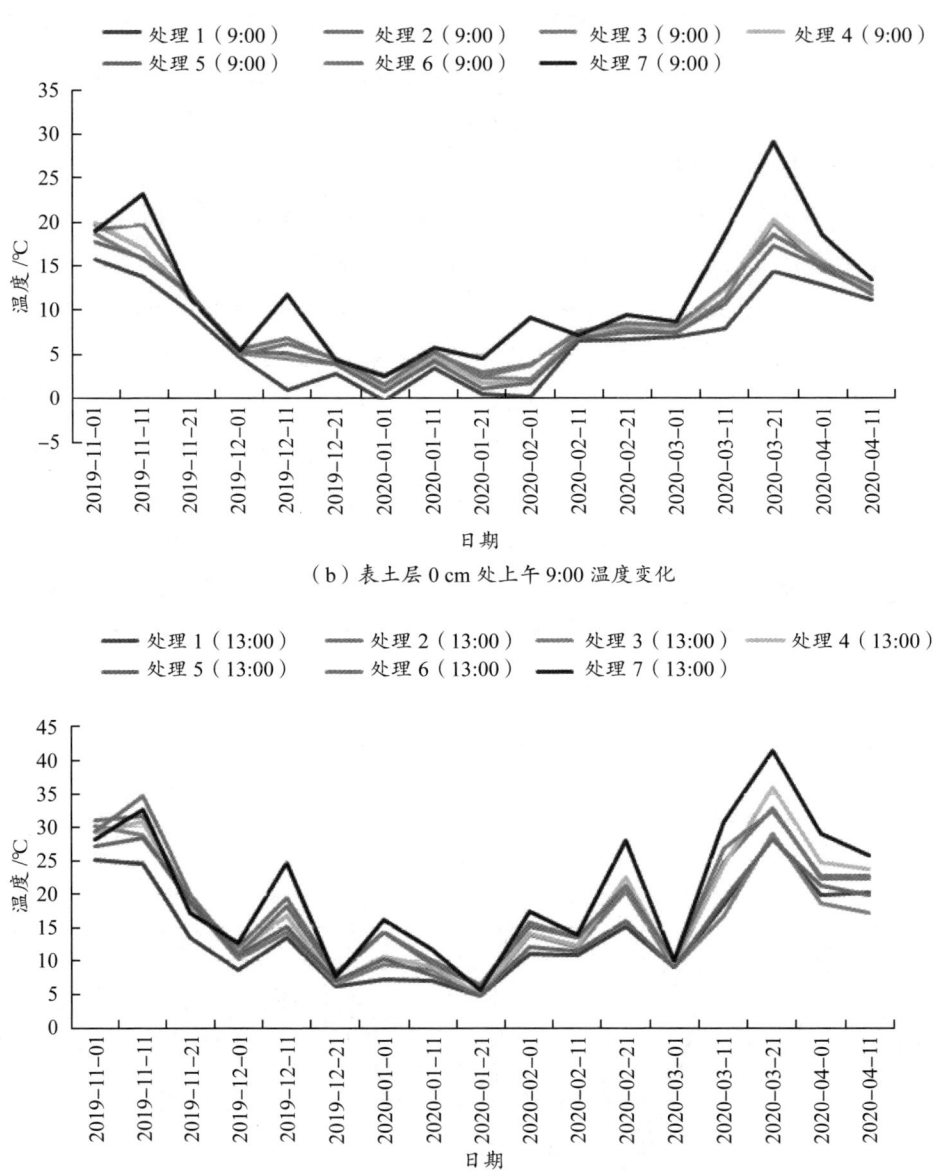

(b)表土层 0 cm 处上午 9:00 温度变化

(c)表土层 0 cm 处下午 13:00 温度变化

图 3 表土层 0 cm 处土壤温度每 10 日的变化趋势

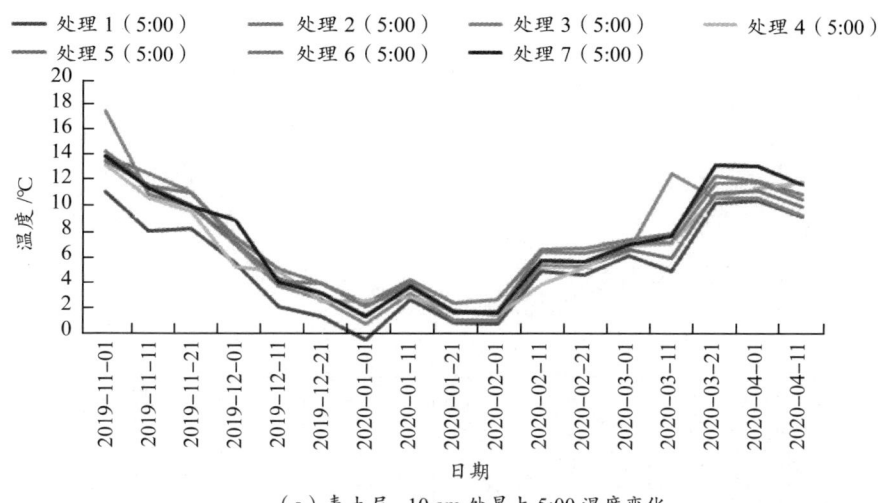

（a）表土层 –10 cm 处早上 5:00 温度变化

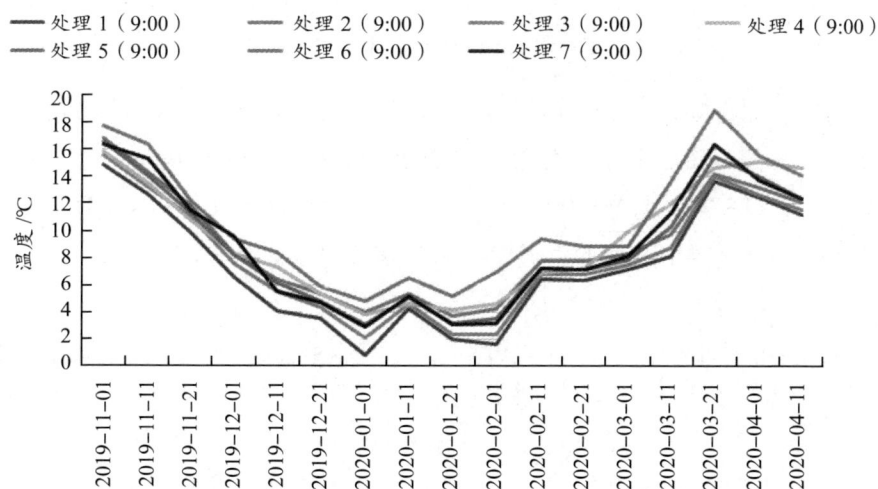

（b）表土层 –10 cm 处上午 9:00 温度变化

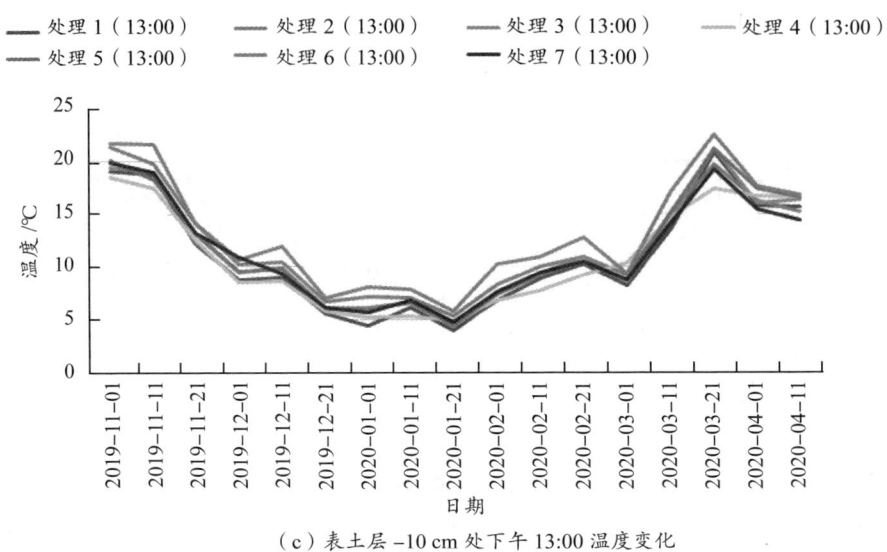

（c）表土层 –10 cm 处下午 13:00 温度变化

图 4　表土层 –10 cm 处土壤温度每 10 日的变化趋势

（2）不同覆膜处理对土壤湿度的影响。表土层 –10 cm 处土壤湿度每 10 日的变化趋势如图 5 所示。其中，在 2019-11-01 到 2020-04-11 的 3 个不同时间段（早上 5:00、上午 9:00、下午 13:00），均发现处理 1（不覆膜，CK1）的湿度是 7 个处理中最低的，其他处理下湿度的变化无规律 [图 5（a）、图 5（b）、图 5（c）]。

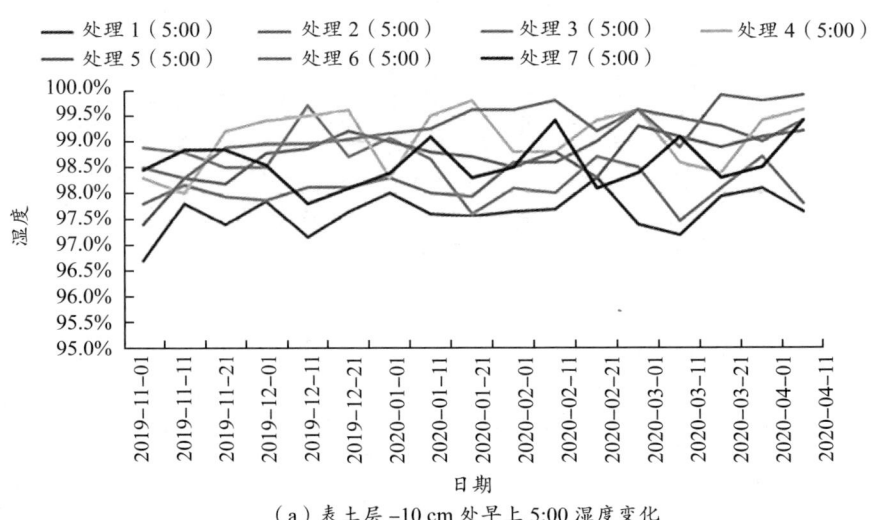

（a）表土层 –10 cm 处早上 5:00 湿度变化

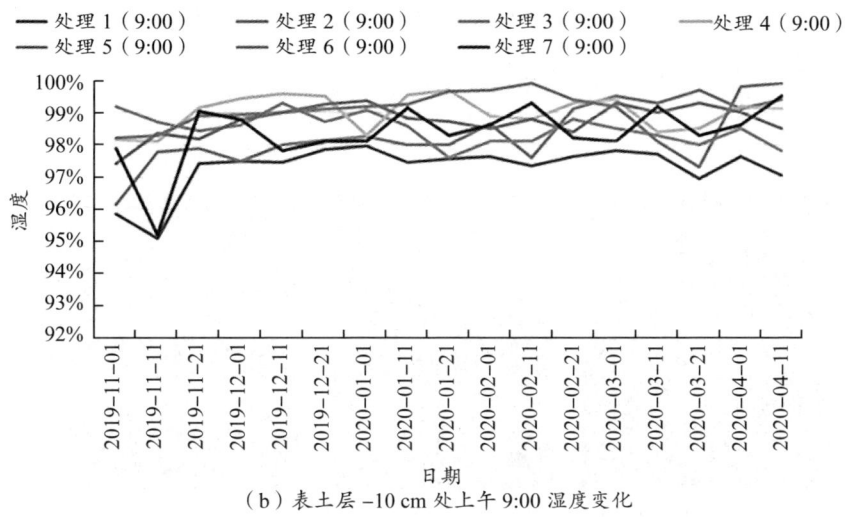

（b）表土层 –10 cm 处上午 9:00 湿度变化

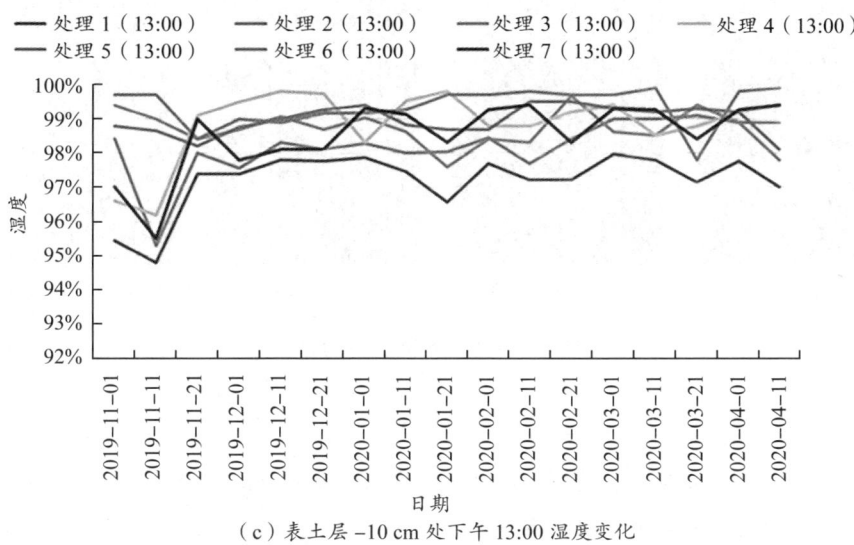

（c）表土层 –10 cm 处下午 13:00 湿度变化

图 5　表土层 –10 cm 处土壤湿度每 10 日的变化趋势

2.4　病虫害发生情况

在大蒜生育期定期对 7 个处理病虫害进行了定点考查，大蒜虫害没有发生。越冬期尚未发现病害，4 月中旬开始，陆续发现大蒜锈病，但不同处理发生程度不同。据 2020 年 5 月 12 日调查，7 个处理锈病普遍发生，处理 1 偏重发生，处理7最轻，其他处理发生轻重顺序为处理6、处理2（叶色偏绿）、处理5（叶色发黄）、处理4（叶色明显发黄）和处理3（叶色最黄），出现早衰（图6）。

处理1（不覆膜，CK1）　　处理2（PE膜，CK2）　　处理3（降解膜1）

处理4（降解膜2）　处理5（降解膜3）　处理6（降解膜4）　处理7（强化耐候地膜）

图6　各处理锈病发生情况

2.5　地膜裂解结果

地膜裂解结果显示，覆膜后34天，即2019年11月28日，降解膜1最先进入诱导期，较其他处理早8～10天，其中降解膜3比降解膜2早2天。降解膜覆膜后73天（2020年1月6日）发生开裂，降解膜1开裂期比其他降解膜早2～4天。降解膜1大裂期较其他处理早6～11天，其中降解膜2比降解膜1晚4天。2020年3月22日达到碎裂期，降解膜1比其他降解膜早5～25天，其中降解膜3比降解膜2早20天。降解膜4到2020年2月26日才出现开裂，韧性较强。2020年5月20日大蒜收获，将全部地膜破开，部分回收。

从回收时表面完整度看,PE膜(CK2)基本完整,降解膜1严重破裂,降解膜2破裂,降解膜3破裂较重,降解膜4较完整,强化耐候地膜基本未出现破裂(表5、图7至图10)。

降解膜1和降解膜3在翻耕时残膜量少,碎片小;降解膜4的残膜量较多,碎片较大,部分回收;PE膜(CK2)和强化耐候地膜残膜量多,碎片较大,大部分可回收。

表5 大蒜地膜裂解期监测记载

处理		地膜颜色	表面完整度	诱导期	开裂期	大裂期	碎裂期	无膜期	翻耕时残膜状态描述
处理1	不覆膜(CK1)								
处理2	PE膜(CK2)	白色	基本完整					2020-05-20	大部分回收,残膜量多,碎片大
处理3	降解膜1	白色	严重破裂	2019-11-28	2020-01-06	2020-02-20	2020-03-22	2020-05-20	残膜少,碎片小
处理4	降解膜2	黑色	破裂	2019-12-08	2020-01-10	2020-03-02	2020-04-16	2020-05-20	残膜少,碎片小
处理5	降解膜3	白色	破裂较重	2019-12-06	2020-01-08	2020-02-26	2020-03-27	2020-05-20	残膜少,碎片小
处理6	降解膜4	白色	较完整	—	2020-02-26	—	—	2020-05-20	部分回收,碎片大

续表

处理	地膜颜色	表面完整度	诱导期	开裂期	大裂期	碎裂期	无膜期	翻耕时残膜状态描述
处理7	强化耐候地膜	银黑色	完整	—	—	—	—	2020-05-20	基本回收,残膜碎片大

注:①诱导期,即从覆膜到垄(畦)面地膜出现多处(每米3处以上)≤2 cm自然裂缝或孔洞(直径)的时间;

②开裂期,即垄(畦)面地膜出现>2 cm、<20 cm自然裂缝或孔洞(直径)的时间;

③大裂期,即垄(畦)面地膜出现≥20 cm自然裂缝或孔洞(直径)的时间;

④碎裂期,即垄(畦)面地膜出现碎裂,最大地膜残片面积≤16 cm² 的时间。

(a)2020年1月6日基地整体情况　　　　(b)处理3(降解膜1)

图7　2020年1月6日各处理地膜状态

不覆膜(CK1)　　　　PE膜(CK2)　　　　处理3(降解膜1)

处理4(降解膜2)　　处理5(降解膜3)　　处理6(降解膜4)　　处理7(强化耐候地膜)

图8　2020年3月15日各处理地膜状态

不覆膜(CK1)　　　　PE膜(CK2)　　　　处理3(降解膜1)

   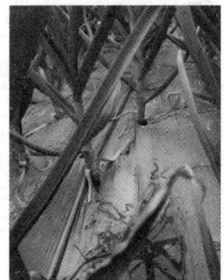

处理4(降解膜2)　　处理5(降解膜3)　　处理6(降解膜4)　　处理7(强化耐候地膜)

图9　2020年4月10日各处理地膜状态

不覆膜（CK1）　　　　　PE 膜（CK2）　　　　　处理 3（降解膜 1）

处理 4（降解膜 2）　　处理 5（降解膜 3）　　处理 6（降解膜 4）　　处理 7（强化耐候地膜）

图 10　2020 年 5 月 15 日各处理地膜状态

3　讨论与建议

长期以来，地膜使用量的增加对土壤质量造成了一定影响。本试验以 4 种可降解生物地膜和一种强化耐候地膜作为试验材料，通过分析验证降解地膜在大蒜生产上的使用效果，比较筛选适合邳州大蒜生产需要的可降解地膜，以期为降解地膜在大蒜规模化生产中的推广应用提供理论支持。本试验中，4 种降解膜都表现出较好的保温增产效果。

（1）有利于保温保湿。其中不覆膜（CK1）的土壤温度变化较大，2019 年 11 月 1 日至 2020 年 4 月 11 日 –10 cm 处土壤温度日变化幅度为 1.6～21.0 ℃，地表土壤温度日变化幅度为 9.1～28.5 ℃；覆膜处理的地表土壤温度变化幅度相对较小，日变化幅度达到 12.1～30.8 ℃；–10 cm 处土壤温度越冬期变化明显，日变化幅度为 14.8～21.1 ℃，其中强化耐候地膜处理的 –10 cm 处日间土壤温度较高，较其他覆膜处理的同一时间土壤温度高 0.4～1.2 ℃，有利于大蒜提早萌发和地下根系生长。

（2）有利于生物量积累。各处理生物量积累均比对照（CK1）高，平均单株生物量积累（单株重）处理6（降解膜4）最高，从高至低依次为降解膜4、强化耐候地膜、PE膜（CK2）、降解膜3、降解膜2、降解膜1；对产量影响也较明显，产量从大到小依次为处理7、处理6、处理2、处理4、处理5、处理3、处理1，分别为2034.69 kg、1975.74 kg、1790.46 kg、1232.94 kg、1197.57 kg、1184.10 kg、1153.78 kg。

但由于不同处理的降解膜降级速度不同，对大蒜生长影响不同，综合考虑，降解膜4处理在降解膜的保温、保墒、增产、防病等方面表现较好，生长势和产量好，但降解速度慢；降解膜2具有适宜的开裂时期、较低的病害发生率，可以作为大蒜覆膜生产技术实施的适宜替代材料，在生产上具有较好的推广价值和应用前景。降解膜1和降解膜3破裂严重，自然裂解时间过早，返青后大蒜的生物量积累会降低，对后期蒜头的形成不利，可能不能满足大蒜保墒、增产等要求。

【试验三：不同地膜覆盖对大蒜生长特性及产量的影响】

1 材料与方法

1.1 试验材料与试验设计

试验于2016—2017年在徐州市农业科学院试验示范基地进行。供试大蒜材料为徐蒜917，2016年10月8日播种，播种后覆盖地膜。根据地膜颜色不同，试验设6个处理：红膜（RF）、绿膜（GF）、银膜（SF）、黑膜（BF）、白黑膜（WBF）、银黑膜（SBF），以透明膜为对照（CK），每小区面积为30 m^2，重复3次，随机区组排列。其他管理均按常规方法进行。

1.2 测定项目与方法

根据《大蒜种质资源描述规范和数据标准》调查大蒜农艺性状，即鳞茎膨大前期，每处理每小区选取5株代表性大蒜植株，测定株高、株幅、假茎高、假茎粗、叶片数、叶长、叶宽，以5株平均值作为该小区实测值；与此同时，采用乙醇提取法测定叶片色素含量，采用氯化三苯基四氮唑（TTC）法测定根系活力；于2017年5月25日收获大蒜鳞茎（蒜头），测定各处理小区产量。

1.3 数据处理分析

分别采用 Microsoft Excel 2003 软件和 DPS 7.5 软件进行试验数据处理和处理间差异性检验（Duncan 新复极差法）。

2 结果与分析

2.1 不同地膜覆盖对大蒜生长特性的影响

由表1可知，不同颜色地膜覆盖对大蒜的生长影响不同。各处理间株高表现为银膜最高、红膜最低，且除红膜显著低于对照外，其他处理与对照无显著差异；各处理间株幅为银膜最大、黑膜次之，其他处理与对照无显著差异；假茎高仅银膜和黑膜与对照无显著差异，其他处理均显著低于对照，且红膜最低；假茎粗为银膜最高、白黑膜最低，且银膜显著高于其他处理；各处理间叶片数无显著差异；叶长为银膜最大、黑膜次之，其他处理与对照无显著差异；叶宽表现为银膜＞红膜＞银黑膜＞绿膜＞白黑膜＞黑膜＞透明膜。

表1 不同地膜覆盖对大蒜生长特性的影响

处理	株高/cm	株幅/cm	假茎高/cm	假茎粗/cm	叶片数/片	叶长/cm	叶宽/cm
RF	58.80 c	50.79 b	27.30 d	1.77 b	8.56 a	56.50 c	3.65 ab
GF	59.49 bc	50.79 b	28.53 cd	1.74 b	8.50 a	58.47 bc	3.59 ab
SF	65.09 a	62.36 a	32.53 a	2.08 a	8.56 a	61.83 a	3.73 a
BF	62.72 abc	60.00 a	30.79 ab	1.78 b	8.53 a	59.70 b	3.43 c
SBF	60.16 abc	53.67 b	29.80 bc	1.79 b	8.28 a	58.44 bc	3.62 ab
WBF	64.89 ab	53.83 b	29.33 bc	1.70 b	8.23 a	57.12 c	3.52 bc
CK	64.28 ab	54.53 b	31.72 a	1.77 b	8.67 a	57.55 c	3.41 c

注：同列数据后不同小写字母表示差异达5%显著水平，下同。

2.2 不同地膜覆盖对大蒜叶片色素含量的影响

表2显示，各处理间叶绿素a含量表现为红膜＞银膜＞银黑膜＞透明

膜>绿膜、白黑膜>黑膜；叶绿素 b 含量表现为红膜>银膜>透明膜>银黑膜>绿膜>白黑膜>黑膜；类胡萝卜素含量则表现为红膜、银黑膜>绿膜>银膜、白黑膜、透明膜>黑膜；叶绿素 a+b 含量表现为红膜>银膜>银黑膜>透明膜>绿膜>白黑膜>黑膜；叶绿素 a/b 则表现为白黑膜>银黑膜>黑膜>绿膜>银膜>红膜>透明膜。

表 2　不同地膜覆盖对大蒜叶片色素含量的影响

处理	叶绿素 a 含量 /mg·g^{-1}	叶绿素 b 含量 /mg·g^{-1}	类胡萝卜素含量 /mg·g^{-1}	叶绿素 a+b 含量 /mg·g^{-1}	叶绿素 a/b
RF	0.83 a	0.32 a	0.16 a	1.15 a	2.54 c
GF	0.70 c	0.26 c	0.15 bc	0.96 de	2.65 b
SF	0.78 b	0.30 b	0.14 c	1.08 b	2.63 b
BF	0.65 d	0.24 d	0.13 d	0.90 f	2.67 b
SBF	0.76 b	0.28 b	0.16 ab	1.04 bc	2.71 ab
WBF	0.70 c	0.25 cd	0.14 c	0.95 ef	2.77 a
CK	0.72 c	0.29 b	0.14 c	1.01 cd	2.47 c

2.3　不同地膜覆盖对大蒜根系活力的影响

由图 1 可知，有色地膜覆盖可显著提高大蒜的根系活力，且不同颜色膜覆盖对根系活力的影响程度不同，具体表现为黑膜>银膜>红膜>银黑膜>绿膜>白黑膜>透明膜。

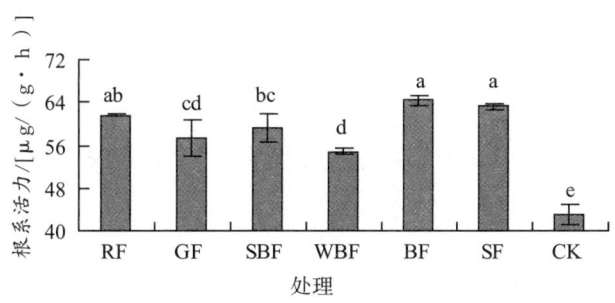

图 1　不同地膜覆盖对大蒜根系活力的影响

（注：柱上不同小写字母表示差异达 5% 显著水平）

2.4 不同地膜覆盖对大蒜产量的影响

由表3可以看出，不同颜色地膜覆盖对大蒜产量的影响不同，银膜产量最高，黑膜次之，且均显著高于对照，同时，银黑膜、红膜及绿膜处理产量虽较对照产量有所增加，但无显著差异，而白黑膜产量较对照产量显著下降。

表3 不同地膜覆盖对大蒜产量的影响

处理	小区产量/（kg/30 m²）				产量/（kg/667 m²）
	Ⅰ	Ⅱ	Ⅲ	平均	
RF	69.60	67.20	69.00	68.60 c	1525.21
GF	69.60	66.00	69.60	68.40 c	1520.76
SF	75.60	76.80	78.60	77.00 a	1711.97
BF	73.20	74.40	75.60	74.40 ab	1654.16
SBF	72.00	70.80	70.20	71.00 bc	1578.57
WBF	58.20	66.60	65.40	63.40 d	1409.59
CK	68.40	67.80	67.80	68.00 c	1511.87

3 结论

本试验中，不同颜色地膜覆盖对大蒜的生长影响不同。相比于透明膜，银膜更益于大蒜生长、提高产量；黑膜次之，红膜、绿膜及银黑膜处理产量仍略高于透明膜，但差异不显著；而白黑膜产量较透明膜显著下降。因此，覆盖银膜或许可替代透明膜，成为一种栽培大蒜的新模式。

【试验四：不同地膜覆盖对大蒜鳞茎综合品质的影响】

1 材料与方法

1.1 试验材料与试验设计

试验于2016—2017年在徐州市农业科学院试验示范基地进行。供试大蒜材料为徐蒜917，2016年10月8日播种，播种后覆盖地膜。根据地膜颜色不同，试验设6个处理：红膜（RF）、绿膜（GF）、银膜（SF）、黑膜（BF）、白黑膜（WBF）、银黑膜（SBF），以常规透明膜覆盖作为对照（CK），每小区面积为30 m^2，重复3次，随机区组排列。其他管理均按常规方法进行。于2017年5月25日收获大蒜鳞茎（蒜头），测定其外观品质和营养品质等各项指标。

1.2 测定项目与方法

单蒜头鲜质量及鳞茎横径：从鳞茎上部膨大处向上2 cm处剪去上部假茎，去除根系，用水冲洗干净后称重，并用游标卡尺测定鳞茎横径，统计一级鳞茎比例，即鳞茎横径大于5 cm的蒜头个数占小区收获蒜头总数的比例。

维生素C含量的测定采用钼蓝比色法；大蒜素含量的测定采用苯腙法；可溶性蛋白含量的测定采用考马斯亮蓝法；可溶性糖含量的测定采用蒽酮比色法；硝酸盐含量的测定采用紫外分光光度法；纤维素含量的测定采用比色法；丙酮酸含量的测定采用2,4-二硝基苯腙法。

1.3 数据处理分析

大蒜鳞茎综合品质评价采用模糊评价隶属函数法，参考相关文献、大蒜商品性价值标准及食用特性，本研究确定了各指标的权重系数，如表1所示。

分别采用Microsoft Excel 2003软件和DPS 7.5软件进行试验数据处理和处理间差异显著性检验（Duncan新复极差法）。

表1 大蒜品质各评价指标的权重系数

评价指标	大蒜素	丙酮酸	维生素C	可溶性蛋白	可溶性糖	纤维素	硝酸盐	一级鳞茎比例
权重系数	0.2	0.2	0.05	0.1	0.2	0.05	-0.1	0.3

2 结果与分析

2.1 不同地膜覆盖对大蒜单头鳞茎重和一级鳞茎比例的影响

由表2可知，不同颜色地膜覆盖对大蒜单头鳞茎重的影响不同。大蒜单头鳞茎重以银膜覆盖处理最大，黑膜次之，并且均显著高于对照，分别提高了 14.67%、13.28%；红膜、绿膜及银黑膜处理组大蒜单头鳞茎重略高于对照，但均无显著性差异，而白黑膜处理虽与对照亦无显著性差异，但显著低于其他处理。

不同颜色膜处理大蒜一级鳞茎比例表现为银膜＞黑膜＞红膜＞绿膜＞银黑膜＞对照＞白黑膜，且银膜和黑膜两个处理组显著高于对照，分别增加了 24.75%、21.11%。除红膜和绿膜处理显著高于白黑膜处理外，其他处理间无显著性差异。

表2 不同地膜覆盖对大蒜单头鳞茎重和一级鳞茎比例的影响

处理	单头鳞茎重 /g	一级鳞茎比例 /%
CK	58.97 bc	71.28 bc
RF	61.56 b	77.43 b
GF	61.65 b	76.59 bc
SF	67.62 a	88.92 a
BF	66.80 a	86.33 a
WBF	57.11 c	70.60 c
SBF	62.33 b	73.62 bc

注：同列数据后不同小写字母表示差异达 5% 显著水平，下同。

2.2 不同地膜覆盖对大蒜鳞茎营养品质的影响

由表3可知，覆盖有色地膜显著影响了大蒜鳞茎主要内含物含量。与对照相比，绿膜、银膜、黑膜及银黑膜处理均显著提高了鳞茎中大蒜素含量，分别增加了 15.23%、11.52%、16.87% 和 9.88%，而红膜和白黑膜处理则显著降低了大蒜素含量；各处理间丙酮酸含量呈显著性差异，除黑膜处理显著低于对照外，其他颜色膜处理均显著高于对照，尤以绿膜最高，较对照提高了 31.25%；黑膜处理显著诱导了大蒜鳞茎维生素 C 含量的增加，较对照增加了 9.20%，而其他颜色膜处理与对照无显著差异；除黑膜和银黑膜处理大蒜鳞茎可溶性蛋白含量略高于对照外，其他颜色膜处理可溶性蛋白含量较对照显著下降，尤其是银膜覆盖下降最为显著，较对照下降了12.57%；绿膜覆盖显著诱导了鳞茎可溶性糖含量的增加，较对照增加了20.57%，而其他颜色膜处理与对照无显著差异；与对照相比，银膜和白黑膜处理显著增加了鳞茎中纤维素含量，分别高于对照8.56%和12.80%，而黑膜处理则显著降低了纤维素含量，较对照下降了17.66%；有色膜覆盖处理均显著诱导了鳞茎中硝酸盐含量的增加，具体表现为绿膜＞银黑膜＞黑膜＞红膜＞银膜、白黑膜＞对照。

表3　不同地膜覆盖对大蒜鳞茎营养品质的影响

处理	大蒜素含量/(mg/g)	丙酮酸含量/(mg/g)	维生素C含量/(mg/g)	可溶性蛋白含量/(mg/g)	可溶性糖含量/%	纤维素含量/%	硝酸盐含量/(mg/kg)
CK	2.43 d	0.16 e	0.87 b	7.56 a	17.89 bc	33.75 b	285.46 e
RF	2.19 e	0.19 b	0.84 b	7.02 bc	17.81 c	32.75 b	358.31 c
GF	2.80 ab	0.21 a	0.88 b	6.88 bc	21.57 a	31.92 b	375.78 a
SF	2.71 bc	0.18 c	0.87 b	6.61 c	16.73 c	36.64 a	297.20 d
BF	2.84 a	0.14 f	0.95 a	7.59 a	19.20 bc	27.79 c	362.78 c
WBF	2.26 e	0.17 d	0.88 b	7.32 ab	16.19 c	38.07 a	297.20 d
SBF	2.67 c	0.19 b	0.87 b	7.63 a	19.74 ab	32.91 b	369.21 b

2.3　不同地膜覆盖对大蒜鳞茎综合品质的影响

根据隶属函数模型建立方法，对大蒜品质指标数据进行标准化处理，结果如表4所示，并采用隶属函数法对不同地膜覆盖处理的大蒜品质进行综合评价，隶属函数值越大，排名越高，表示大蒜鳞茎综合品质越好。由表5可知，绿膜排名第一，大蒜鳞茎综合品质最好，银膜和黑膜仅次于绿膜，并列排名第二，银黑膜排名第三，并且这4种膜处理的大蒜鳞茎综合品质均优于对照，而红膜和白黑膜处理的大蒜鳞茎综合品质次于对照，且白黑膜排名第6，品质最差。

表4 大蒜品质各评价指标数值标准化结果

处理	大蒜素	丙酮酸	维生素C	可溶性蛋白	可溶性糖	纤维素	硝酸盐	一级鳞茎比例
CK	0.37	0.24	0.33	0.94	0.32	0.58	0	0.04
RF	0	0.82	0	0.41	0.30	0.48	0.81	0.37
GF	0.93	1	0.39	0.27	1	0.40	1	0.33
SF	0.80	0.54	0.26	0	0.10	0.86	0.13	1
BF	1	0	1	0.96	0.56	0	0.86	0.86
WBF	0.11	0.46	0.41	0.70	0	0.50	0.13	0
SBF	0.73	0.77	0.29	1	0.66	1	0.93	0.16

表5 大蒜品质隶属函数评价结果

处理	大蒜素	丙酮酸	维生素C	可溶性蛋白	可溶性糖	纤维素	硝酸盐	一级鳞茎比例	隶属函数值	综合排名
CK	0.07	0.05	0.02	0.09	0.06	0.03	0	0.01	0.33	4
RF	0	0.16	0	0.04	0.06	0.02	-0.08	0.11	0.32	5
GF	0.19	0.20	0.02	0.03	0.20	0.02	-0.10	0.10	0.65	1
SF	0.16	0.11	0.01	0	0.02	0.04	-0.01	0.30	0.63	2
BF	0.20	0	0.05	0.10	0.11	0	-0.09	0.26	0.63	2
WBF	0.02	0.09	0.02	0.07	0	0.02	-0.01	0	0.22	6
SBF	0.15	0.15	0.01	0.10	0.13	0.05	-0.09	0.05	0.55	3

3 结论

本研究将一级鳞茎比例、大蒜素、丙酮酸及可溶性糖含量作为其品质的主要权重因子，对不同地膜覆盖大蒜鳞茎品质进行综合评价认为，除白黑膜显著次于透明膜外，有色膜覆盖有利于提高大蒜鳞茎综合品质，且绿膜覆盖大蒜鳞茎品质最优，银膜和黑膜次之。

第五节 大蒜施肥技术试验

【试验五：有机肥替代化肥减肥增效试验】

1 试验目的

探明在稻蒜轮作下不同比例商品有机肥替代化肥对大蒜产量和品质及土壤性状的影响，筛选出适宜邳州地区稻蒜轮作下大蒜的最佳有机肥替代化肥比例。

2 试验地点和时间

试验地点为邳州市宿羊山镇贾家农场，大蒜种植时间为 2019 年 10 月中旬，收获时间为 2020 年 5 月下旬。

3 材料和方法

3.1 供试土壤

小区试验田土壤为两合土，小区试验土壤 pH 值为 8.25，电导率为 397 μS/cm，有机质为 16.2 g/kg，硝态氮为 25.6 mg/kg，有效磷为 71.0 mg/kg，速效钾为 194.7 mg/kg。

3.2 供试肥料

15-15-15 复合肥、尿素、15-5-24 复合肥、永佳有机肥。

3.3 样品采集及测定方法

作物收获后每个小区采集 3 个土壤样品，采样深度为 0～20 cm，每个样品均为多点混合，剔除植物残根，自然条件下风干。取过 1 mm 筛的风干土样 10 g，加超纯水 50 mL，振荡 5 min，静置 30 min 后测定 pH 值和电导率；风干土样过 0.15 mm 筛后采用外加热法测定有机质含量；风干土样过 1 mm 筛后采用紫外分光光度计法测定硝态氮含量；风干土样过 1 mm 筛后采用 $NaHCO_3$ 浸提 – 钼蓝比色法测定有效磷含量；风干土样过 1 mm 筛后采用醋酸铵浸提 – 火焰光度法测定速效钾含量。

将鳞茎鲜样研磨匀浆后采用苯肼法测定大蒜素含量；采用蒽酮比色法测定可溶性糖含量；采用 2,6-二氯靛酚滴定法测定还原型维生素 C 含量；采用紫外比色法测定硝酸盐含量。

鳞茎商品分级标准为：直径在 6.5 cm 以上为一级，直径在 5.5～6.5 cm 为二级，直径在 4.5～5.5 cm 为三级，直径在 4.5 cm 以下为四级。

3.4 试验设计

设置以下 5 个处理。每个处理有 3 个重复小区，每个小区面积为 8×8= 64 m²。

处理 1（常规对照/有机肥替代化肥比例为 0）：种植 3 天前，施用 15-15-15 复合肥 75 kg/亩，旋耕机翻地后移栽，2020 年 3 月底追施尿素 20 kg/亩，4 月底追施 15-5-24 复合肥 25 kg/亩。

处理 2（有机肥替代化肥比例为 10%）：种植 3 天前，施用有机肥 270 kg/亩，施用 15-15-15 复合肥 63 kg/亩，旋耕机翻地后移栽，2020 年 3 月底追施尿素 20 kg/亩，4 月底追施 15-5-24 复合肥 25 kg/亩。

处理 3（有机肥替代化肥比例为 20%）：种植 3 天前，施用有机肥 540 kg/亩，施用 15-15-15 复合肥 51 kg/亩，旋耕机翻地后移栽，2020 年 3 月底追施尿素 20 kg/亩，4 月底追施 15-5-24 复合肥 25 kg/亩。

处理 4（有机肥替代化肥比例为 30%）：种植 3 天前，施用有机肥 810 kg/亩，施用 15-15-15 复合肥 39 kg/亩，旋耕机翻地后移栽，2020 年 3 月底追施尿素 20 kg/亩，4 月底追施 15-5-24 复合肥 25 kg/亩。

3.5 养分运筹

不同处理养分投入如表 1 所示。

表 1 不同处理养分投入

单位：kg/亩

处理	替代比例	化肥用量			有机肥用量	养分组成		
		15-15-15 复合肥	尿素	15-5-24 复合肥		化肥养分	有机肥养分	总养分
无替代	0	75	20	25	0	54	0	54
替代 10%	10%	63	20	25	270	48.6	5.4	54
替代 20%	20%	51	20	25	540	43.2	10.8	54
替换 30%	30%	39	20	25	810	37.8	16.2	54

注：有机肥按养分干基 5% 和养分当季释放率 40% 计算。

4 试验结果分析

4.1 作物产量

不同处理产量如表2所示。从表2中可看出，替代10%、替代20%和替代30%分别增产42 kg/亩、68 kg/亩和122 kg/亩，其中替代30%较常规对照达到显著差异。可见，在0～30%替代比例范围内，替代比例与增产效果有正相关关系，即增产效果随替代比例增加而增加。

表2 不同处理产量

单位：kg/亩

处理	重复一	重复二	重复三	平均值
常规对照	1759	1721	1816	1765a
替代10%	1856	1783	1781	1807ab
替代20%	1864	1701	1933	1833ab
替代30%	1851	1822	1987	1887b

4.2 农产品品质

不同处理鳞茎商品分级率如表3所示，替代30%可提高一级和二级商品率。不同处理鳞茎品质如表4所示。相比常规对照，不同有机肥替代化肥处理均提高了可溶性糖和维生素C含量，但未达显著差异。替代30%在一定程度上增加了大蒜素含量。替代20%和30%显著削减了硝酸盐含量，替代10%也可在一定程度上削减硝酸盐含量。综合考虑，替代20%和30%均对品质有改善效果。

表3 不同处理鳞茎商品分级率

单位：%

处理	一级	二级	三级	四级
常规对照	0.28	0.36	0.26	0.1
替代10%	0.24	0.32	0.31	0.13

续表

处理	一级	二级	三级	四级
替代 20%	0.27	0.35	0.29	0.09
替代 30%	0.3	0.39	0.25	0.06

表 4　不同处理鳞茎品质

类别	处理	重复一	重复二	重复三	平均值
大蒜素 /%	常规对照	0.442	0.424	0.447	0.437a
	替代 10%	0.444	0.433	0.438	0.439a
	替代 20%	0.450	0.424	0.432	0.435a
	替代 30%	0.433	0.444	0.458	0.445a
可溶性糖 /%	常规对照	22.3	20.4	22.8	21.8a
	替代 10%	23.2	22.8	22.3	22.8a
	替代 20%	22.6	22.0	25.8	23.4a
	替代 30%	24.1	24.2	20.7	23.0a
硝酸盐 /（mg/kg）	常规对照	530.3	503.1	481.0	504.8 a
	替代 10%	500.3	482.7	469.7	484.3a
	替代 20%	339.0	393.9	431.2	388.0b
	替代 30%	380.9	310.7	419.9	370.5b
维生素 C/（mg/kg）	常规对照	273.6	328.1	236.0	279.2a
	替代 10%	291.0	321.1	331.9	314.6a
	替代 20%	311.2	311.2	352.7	325.0a
	替代 30%	319.0	311.2	300.8	310.3a

4.3　土壤化学性状

不同处理土壤化学性状如表 5 所示。从表 5 可发现，不同有机肥替代化肥处理均提高了土壤 pH 值,其中替代 10% 为显著增加。替代 10%、替代 20% 和替代 30% 均可降低土壤电导率,但均未达到显著差异。各有机肥替代化肥处理可显著增加土壤有机质含量,且增加效果随替代比例增加而增强,且替代 20% 和替代 30% 的土壤有机质含量显著高于替代 10%。速效养分方面,不同有机肥替代化肥处理均降低了硝态氮含量,但略增加了速效钾含量。

表 5　不同处理土壤化学性状

类别	处理	重复一	重复二	重复三	平均值
pH 值	常规对照	8.10	8.12	8.12	8.11a
	替代 10%	8.19	8.15	8.14	8.16b
	替代 20%	8.12	8.18	8.13	8.14ab
	替代 30%	8.12	8.17	8.15	8.15ab
电导率/(μS/cm)	常规对照	425	395	428	416a
	替代 10%	378	384	399	387a
	替代 20%	417	348	386	384a
	替代 30%	408	356	374	379a
有机质/(g/kg)	常规对照	15.48	15.33	16.14	15.65a
	替代 10%	17.86	17.94	16.51	17.44b
	替代 20%	19.63	19.17	18.49	19.10c
	替代 30%	20.61	19.43	19.51	19.85c
硝态氮/(mg/kg)	常规对照	20.5	22.7	19.4	20.9a
	替代 10%	16.3	14.1	18.1	16.2b
	替代 20%	16.0	14.5	21.7	17.4ab
	替代 30%	22.9	16.5	15.6	18.3ab

续表

类别	处理	重复一	重复二	重复三	平均值
有效磷/（mg/kg）	常规对照	85.1	82.2	81.6	83.0a
	替代10%	69.8	82.2	68.3	73.4a
	替代20%	109.5	94.2	78.3	94.0a
	替代30%	71.8	90.7	95.2	85.9a
速效钾/（mg/kg）	常规对照	208.5	220.5	227.5	218.9a
	替代10%	226.3	235.5	251.5	237.8a
	替代20%	205.4	235.6	234.6	225.2a
	替代30%	219.0	208.0	256.5	227.8a

5 试验结论

对于宿羊山镇贾家农场稻蒜轮作土壤而言，有机肥替代30%化肥增产和提高商品率效果最佳，且能显著增加土壤有机质含量，并改善鳞茎品质。另外，有机肥替代20%增产效果、改善品质和增加土壤有机质效果也较好。

【试验六：秸秆还田配施钾肥对大蒜生长、产量与品质的影响试验】

1 材料与方法

1.1 试验处理

试验设置于江苏徐淮地区徐州农业科学研究所大蒜试验基地。试验地为沙壤土，试验前0～30 cm土壤养分状况：有机质为18.30 g·kg^{-1}，全氮为0.73 g·kg^{-1}，速效磷为34.20 mg·kg^{-1}，速效钾为98.26 mg·kg^{-1}，pH值为6.28。试验材料为徐蒜918。试验共设6个处理，分别为秸秆不还田+无钾（CK）、秸秆不还田+钾（+K）、秸秆还田+无钾（+S）、秸秆还田+1/3钾（S+1/3K）、秸秆还田+2/3钾（S+2/3K）、秸秆还田+钾（S+K）。所有试验处理的N、P$_2$O$_5$用量统一为250.5 kg·hm^{-2}和112.5 kg·hm^{-2}，以保证氮磷正常供应；钾肥（K$_2$O）最高施用量为试验筛选出的最佳用量262.5 kg·hm^{-2}。

随机区组排列，重复3次，试验小区面积为30 m²，种植密度为417 000株·hm⁻²。小区间采用土埂加覆塑料薄膜的方法进行防蹿水蹿肥处理，土埂宽30 cm、高30 cm。提前测定单位面积玉米秸秆收获量，按照秸秆全量还田的标准将粉碎后的秸秆与肥料均匀撒入相对应的小区，即秸秆还田处理玉米秸秆使用量为9744.9 kg·hm⁻²，人工翻耕入土，生长期常规管理。

1.2 测定项目与方法

大蒜农艺性状于鳞茎膨大期进行调查，各处理小区随机抽样10株，调查项目为株高、株幅、叶长、叶宽、假茎高、假茎粗，以样本平均值作为小区实测值。大蒜采收晾干后，随机抽样10个鳞茎测定鳞茎高、鳞茎横径与单头鳞茎重，以平均值作为实测值。以上指标调查参照《大蒜种质资源描述规范和数据标准》进行。

鲜重（g）：每小区随机挖取5株，尽量保全近地表20 cm土层主要根系，测量大蒜植株包括根系的重量。

小区产量（kg）：小区鳞茎单独收获、晾干后再单独称重。

采用收获时鳞茎鲜样测定大蒜鳞茎的品质。根据张丽霞等的方法测定大蒜素含量；采用高俊凤的钼蓝比色法测定维生素C含量；参照Saladin等的方法测定游离氨基酸含量；根据王月福等的方法测定可溶性蛋白含量；参照赵世杰等的方法测定可溶性糖含量。

1.3 数据处理

采用模糊评价隶属函数法对大蒜鳞茎综合品质进行评价，各指标权重系数的确定参考相关文献，具体如表1所示。

采用Excel和DPS 7.5进行数据处理和处理间差异显著性检验（Duncan新复极差法）。

表1 大蒜品质各评价指标的权重系数

评价指标	大蒜素	维生素C	游离氨基酸	可溶性蛋白	可溶性糖
权重系数	0.3	0.1	0.1	0.3	0.2

2 结果与分析

2.1 不同处理对大蒜形态指标、鲜重的影响

从表2可以发现,不同处理对大蒜的形态指标影响各不相同。S+1/3K处理在株高、叶长、假茎高、假茎粗方面都显著高于CK与+K处理($P<0.05$);且S+1/3K处理的地上部形态指标与施钾量更高的S+2/3K、S+K相比差异不显著,甚至S+1/3K处理的假茎粗显著高于S+2/3K处理。大蒜植株鲜重以+S处理最高,显著高于CK、S+2/3K、S+K处理,但与S+1/3K处理无显著差异。说明S+1/3K处理地上部长势较旺盛,生长量也处于较高水平。

表2 不同处理对大蒜形态指标、鲜重的影响

处理	株高/cm	株幅/cm	叶长/cm	叶宽/cm	假茎高/cm	假茎粗/cm	鲜重/g
CK	51.12 c	54.30 b	47.33 b	3.08 b	23.90 c	1.43 c	129.57 d
+K	51.75 bc	58.72 ab	47.87 b	3.36 ab	24.75 bc	1.54 bc	151.16 abc
+S	56.57 ab	61.93 a	51.57 a	3.48 a	26.42 ab	1.65 ab	164.08 a
S+1/3K	56.9 a	60.25 ab	51.37 a	3.63 a	27.2 a	1.70 a	156.31 ab
S+2/3K	52.2 abc	57.98 ab	49.15 ab	3.42 ab	25.1 abc	1.56 b	143.71 bcd
S+K	54.2 abc	61.03 a	48.89 ab	3.39 ab	25.73 abc	1.64 ab	135.98 cd

注:同列不同字母表示处理间差异显著($P<0.05$),下同。

2.2 不同处理对鳞茎性状及大蒜产量的影响

表3中数据显示,鳞茎性状中,纵径、横径、单头鳞茎重、小区产量以S+1/3K处理处于最高水平,且显著高于对照($P<0.05$)。S+1/3K处理与CK、+K、+S、S+2/3K、S+K处理相比,小区产量分别提高了17.00%、12.76%、8.10%、9.03%与2.64%。说明在本试验条件下,S+1/3K处理有利于促进大蒜鳞茎的生长并提高大蒜产量。

表3 不同处理对大蒜产量及相关主要性状的影响

处理	鳞茎纵径/cm	鳞茎横径/cm	单头鳞茎重/g	小区产量/(kg/30 m²)	产量/(kg/667 m²)
CK	3.21 c	4.97 c	49.26 c	46.52 d	1034.36
+K	3.18 cd	4.96 c	49.61 c	48.27 cd	1073.29
+S	3.25 b	5.20 a	52.04 a	50.35 bc	1119.36
S+1/3K	3.32 a	5.21 a	52.10 a	54.43 a	1210.06
S+2/3K	3.26 b	5.16 ab	41.95 d	49.92 bcd	1109.80
S+K	3.16 d	5.10 b	51.02 b	53.03 ab	1179.00

2.3 不同处理对大蒜鳞茎营养品质的影响

鳞茎大蒜素的含量表现为秸秆还田处理高于未秸秆还田处理（表4）。+S处理大蒜素含量显著高于CK与+K处理；同时，S+1/3K、S+2/3K与S+K处理的鳞茎大蒜素含量与CK、+K处理相比较都有不同程度的提高。这说明玉米秸秆还田的栽培方式可促进大蒜鳞茎内大蒜素含量的提高。秸秆还田与钾肥用量对大蒜鳞茎维生素C含量无显著影响。+K处理的游离氨基酸、可溶性蛋白含量最高。CK的可溶性糖含量最高，且显著高于所有秸秆还田处理。

表4 不同处理对大蒜鳞茎营养品质的影响

处理	大蒜素/(mg·g⁻¹)	维生素C/(mg·g⁻¹)	游离氨基酸/(μg·g⁻¹)	可溶性蛋白/(mg·g⁻¹)	可溶性糖/(mg·g⁻¹)
CK	0.32 b	0.28 a	54.32 bc	12.47 ab	316.98 a
+K	0.31 b	0.30 a	69.12 a	14.27 a	278.00 ab
+S	0.37 a	0.29 a	66.46 ab	13.03 ab	254.70 b
S+1/3K	0.35 ab	0.30 a	58.41 abc	11.83 b	264.11 b
S+2/3K	0.35 ab	0.30 a	50.47 c	12.59 b	255.60 b
S+K	0.34 ab	0.29 a	65.43 ab	11.91 b	240.59 b

2.4 不同处理对大蒜鳞茎综合品质的影响

大蒜鳞茎综合品质是对大蒜营养指标的综合评价。大蒜鳞茎综合品质评价采用的是隶属函数法。表5为根据隶属函数模型对大蒜营养品质数据进行标准化处理的结果；表6为大蒜综合品质隶属函数评价结果。隶属函数值排名为大蒜鳞茎综合品质排名。排名越靠前，综合品质越好，从表6可以得出不同处理大蒜鳞茎综合品质排名为 +S ＞ +K ＞ S+2/3K ＞ S+1/3K ＞ CK ＞ S+K。

表5 大蒜品质各评价指标数值标准化结果

处理	大蒜素	维生素C	游离氨基酸	可溶性蛋白	可溶性糖
CK	0.16	0	0.21	0.26	1.00
+K	0	0.76	1.00	1.00	0.49
+S	1.00	0.42	0.86	0.49	0.18
S+1/3K	0.70	0.69	0.43	0	0.31
S+2/3K	0.74	1.00	0	0.31	0.20
S+K	0.52	0.48	0.80	0.03	0

表6 大蒜综合品质隶属函数评价结果

处理	大蒜素	维生素C	游离氨基酸	可溶性蛋白	可溶性糖	隶属函数值	综合排名
CK	0.05	0	0.02	0.08	0.20	0.35	5
+K	0	0.08	0.10	0.30	0.10	0.57	2
+S	0.30	0.04	0.09	0.15	0.04	0.61	1
S+1/3K	0.21	0.07	0.04	0	0.06	0.38	4
S+2/3K	0.22	0.10	0	0.09	0.04	0.45	3
S+K	0.16	0.05	0.08	0.01	0	0.29	6

3 结论

在本试验条件下，秸秆还田配施1/3钾肥处理的株高、叶宽、假茎高、假茎粗处于最高水平。说明秸秆还田配施1/3钾肥有利于促进大蒜的生长。大蒜的株高、叶宽与单株产量显著正相关，其中叶宽为影响单株产量的主要因素。基于形态指标与产量性状的相关性，说明了秸秆还田配施 1/3 钾肥有可能获得较高的产量；结合鲜重指标说明，秸秆还田配施 1/3 钾肥处理地上部生长旺盛，而最终产量也高于其他处理。此结果说明，大蒜生产亦可通过玉米秸秆还田的方法达到减少部分化学钾肥施用的目的，在本试验条件下秸秆还田配施 1/3 钾肥处理产量最高，效果最佳。同时，玉米秸秆还田有利于提高大蒜鳞茎内的大蒜素含量。鳞茎大蒜素含量的提高可能由于玉米秸秆还田增加土壤有机质含量，而增加土壤有机质含量有利于提高大蒜鳞茎内大蒜素含量。采用隶属函数法进行综合评价认为，秸秆还田处理的鳞茎品质表现最佳，单施钾肥处理排名第二。

第六节　大蒜水肥一体化减量增效技术

【试验七：水肥一体化减量增效技术试验】

1　试验目的

探明稻蒜轮作下水肥一体化氮肥不同减施对大蒜产量和品质及土壤性状的影响，筛选出适宜邳州地区稻蒜轮作下基于大蒜水肥一体化的最佳氮肥用量。

2　试验地点和时间

试验地点为邳州市宿羊山镇贾家农场，大蒜种植时间为 2019 年 10 月中旬，收获时间为 2020 年 5 月下旬。

3　材料和方法

3.1　供试土壤

小区试验田土壤为两合土，小区试验土壤pH值为8.43，电导率为306 μS/cm，有机质为 17.9 g/kg，硝态氮为 18.6 mg/kg，有效磷为 37.9 mg/kg，速效钾为 253.7 mg/kg。

3.2 供试肥料

15-15-15 复合肥、尿素、15-5-24 复合肥、磷酸二氢钾、硫酸钾。

3.3 样品采集及测定方法

作物收获后每个小区采集 3 个土壤样品，采样深度为 0～20 cm，每个样品均为多点混合，剔除植物残根，自然条件下风干。取过 1 mm 筛的风干土样 10 g，加超纯水 50 mL，振荡 5 min，静置 30 min 后测定 pH 值和电导率；风干土样过 0.15 mm 筛后采用外加热法测定有机质；风干土样过 1 mm 筛后采用紫外分光光度计法测定硝态氮；风干土样过 1 mm 筛后采用 $NaHCO_3$ 浸提 – 钼蓝比色法测定有效磷；风干土样过 1 mm 筛后采用醋酸铵浸提 – 火焰光度法测定速效钾。

将鳞茎鲜样研磨匀浆后采用苯腙法测定大蒜素含量；采用蒽酮比色法测定可溶性糖含量；采用 2,6- 二氯靛酚滴定法测定还原型维生素 C 含量；采用紫外比色法测定硝酸盐含量。

3.4 试验设计

设置以下 5 个处理。每个处理有 3 个重复小区，每个小区面积为 $8 \times 8 = 64\,m^2$。

处理 1（无肥）：不施用任何肥料。

处理 2（常规施肥）：种植 3 天前，施用 15-15-15 复合肥 75 kg/亩，旋耕机翻地后移栽，2020 年 3 月底水肥一体化下追施尿素 20 kg/亩，4 月底水肥一体化下追施 15-5-24 复合肥 25 kg/亩。

处理 3（追肥减氮10%）：种植 3 天前，施用 15-15-15 复合肥 75 kg/亩，旋耕机翻地后移栽，2020 年 3 月底水肥一体化下追施尿素 18 kg/亩，4 月底水肥一体化下追施 15-5-24 复合肥 22.5 kg/亩、磷酸二氢钾 0.243 kg/亩、硫酸钾 0.995 kg/亩。

处理 4（追肥减氮20%）：种植 3 天前，施用 15-15-15 复合肥 75 kg/亩，旋耕机翻地后移栽，2020 年 3 月底水肥一体化下追施尿素 16 kg/亩，4 月底水肥一体化下追施 15-5-24 复合肥 20 kg/亩、磷酸二氢钾 0.485 kg/亩、硫酸钾 1.99 kg/亩。

处理 5（追肥减氮30%）：种植 3 天前，施用 15-15-15 复合肥 75 kg/亩，旋耕机翻地后移栽，2020 年 3 月底水肥一体化下追施尿素 14 kg/亩，4 月底水肥一体化下追施 15-5-24 复合肥 17.5 kg/亩、磷酸二氢钾 0.728 kg/亩、硫酸钾 2.985 kg/亩。

3.5 养分运筹

不同处理化肥养分投入如表 1 所示。

表 1 不同处理化肥养分投入

单位：kg/亩

处理	基肥化肥	3月底追肥	4月底追肥			追肥氮用量	追肥磷用量	追肥钾用量
	15-15-15复合肥	尿素	15-5-24复合肥	磷酸二氢钾	硫酸钾			
减氮 0	75	20	25	0	0	12.95	1.25	6
减氮 10%	75	18	22.5	0.243	0.995	11.655	1.25	6
减氮 20%	75	16	20	0.485	1.990	10.36	1.25	6
减氮 30%	75	14	17.5	0.728	2.985	9.065	1.25	6

4 试验结果分析

4.1 作物产量

不同处理产量如表 2 所示。从表 2 中可看出，与常规对照相比，减氮 10%、减氮 20% 和减氮 30% 分别减产 141 kg/亩、256 kg/亩和 305 kg/亩，其中减氮 20% 和减氮 30% 对常规对照达到显著差异。可见，减氮比例与减产作用呈正相关关系，即减产效果随氮减施比例先增加后增强。

表 2 不同处理产量

单位：kg/亩

处理	重复一	重复二	重复三	平均值
无肥	1563	1403	1575	1514b
减氮 0	1871	1952	1772	1865a
减氮 10%	1659	1820	1694	1724ab

续表

处理	重复一	重复二	重复三	平均值
减氮20%	1506	1676	1644	1609b
减氮30%	1507	1562	1609	1560b

4.2 农产品品质

不同处理鳞茎商品分级率如表3所示，与常规对照相比，减氮10%、减氮20%和减氮30%均降低了二级商品率并增加了三级和四级商品率。不同处理鳞茎品质如表4所示。相比常规对照，不同减氮处理均略降低了可溶性糖、硝酸盐和维生素C含量，且随减氮比例增加而增强，但对常规对照均未达显著差异。减氮20%和减氮30%略增加大蒜素，但效果较弱。综合考虑，减氮10%、减氮20%和减氮30%对品质有一定的负面影响。

表3 不同处理鳞茎商品分级率

单位：%

处理	一级	二级	三级	四级
无肥	0.2	0.29	0.3	0.21
减氮0	0.22	0.44	0.21	0.13
减氮10%	0.25	0.25	0.41	0.09
减氮20%	0.23	0.35	0.3	0.12
减氮30%	0.25	0.35	0.31	0.09

表4 不同处理鳞茎品质

类别	处理	重复一	重复二	重复三	平均值
大蒜素/%	无肥	0.429	0.499	0.434	0.454a
	减氮0	0.437	0.435	0.453	0.442a
	减氮10%	0.461	0.411	0.465	0.446a
	减氮20%	0.479	0.498	0.452	0.476a
	减氮30%	0.425	0.485	0.511	0.474a

续表

类别	处理	重复一	重复二	重复三	平均值
可溶性糖 /%	无肥	28.3	20.3	24.9	24.5a
	减氮 0	21.9	20.1	20.5	20.8a
	减氮 10%	21.1	20.8	20.1	20.7a
	减氮 20%	19.6	21.5	18.6	19.9a
	减氮 30%	27.1	22.7	18.8	22.9a
硝酸盐 /（mg/kg）	无肥	486.2	421.6	477.6	461.8a
	减氮 0	474.3	438.6	555.2	489.3a
	减氮 10%	490.1	488.4	456.2	478.2a
	减氮 20%	455.0	454.4	501.4	470.3a
	减氮 30%	404.1	455.6	528.6	462.7a
维生素 C/（mg/kg）	无肥	259.3	249.0	290.4	266.2a
	减氮 0	280.1	269.7	311.2	287.0a
	减氮 10%	300.8	269.7	249.0	273.2a
	减氮 20%	289.9	259.3	290.4	279.9a
	减氮 30%	280.1	280.1	249.0	269.7a

4.3 土壤化学性状

不同处理土壤化学性状如表 5 所示。从表 5 可发现，不同减氮比例处理均在一定程度上提高了土壤 pH 值。减氮 10%、减氮 20% 和减氮 30% 可降低土壤电导率，其中减氮 20% 和减氮 30% 与常规对照有显著差异。不同减氮比例处理有机质、有效磷和速效钾含量与常规对照基本一致，但减氮 10%、减氮 20% 和减氮 30% 减少了硝态氮含量，其中减氮 20% 和减氮 30% 为显著降低。土壤中原有硝态氮养分含量较低，减施氮处理使得硝态氮含量更低。

表5 不同处理土壤化学性状

类别	处理	重复一	重复二	重复三	平均值
pH值	无肥	8.38	8.35	8.36	8.36a
	减氮0	8.30	8.27	8.31	8.29b
	减氮10%	8.30	8.35	8.27	8.31b
	减氮20%	8.31	8.34	8.30	8.32b
	减氮30%	8.33	8.31	8.31	8.32b
电导率/（μS/cm）	无肥	257	263	248	256c
	减氮0	318	372	307	332a
	减氮10%	303	320	278	300ab
	减氮20%	280	273	291	281b
	减氮30%	248	256	275	260bc
有机质/（g/kg）	无肥	18.11	17.12	17.81	17.68a
	减氮0	16.17	18.22	16.45	16.95ab
	减氮10%	16.04	17.66	17.37	17.02ab
	减氮20%	16.41	15.78	16.32	16.17b
	减氮30%	16.34	15.86	16.36	16.19b
硝态氮/（mg/kg）	无肥	7.3	8.6	11.5	9.1c
	减氮0	20.0	17.6	22.6	20.1a
	减氮10%	16.6	17.5	18.5	17.6ab
	减氮20%	15.7	17.6	14.1	15.8b
	减氮30%	12.8	11.8	14.9	13.1bc
有效磷/（mg/kg）	无肥	40.4	34.2	36.8	37.1b
	减氮0	61.6	70.0	60.4	64.0a
	减氮10%	70.7	68.2	59.5	66.2a
	减氮20%	69.2	61.9	68.8	66.7a
	减氮30%	60.7	51.8	65.5	59.4a

续表

类别	处理	重复一	重复二	重复三	平均值
速效钾/（mg/kg）	无肥	229.4	202.6	236.7	222.9a
	减氮0	240.9	246.3	223.1	236.8a
	减氮10%	247.1	236.3	247.1	243.5a
	减氮20%	222.1	242.9	269.0	244.7a
	减氮30%	247.1	219.0	235.3	233.8a

5 试验结论

宿羊山镇贾家农场稻蒜轮作土壤原有速效氮养分不充足，减氮处理使得试验土壤氮养分显著降低，鳞茎产量和商品率显著降低，可溶性糖和维生素C指标也有一定下降。因此，该试验大蒜土壤不适宜减氮肥。

【试验八：不同灌溉处理对大蒜氮代谢的影响】

1 材料与方法

1.1 试验材料与试验设计

供试大蒜品种为徐蒜918。

本试验设置于江苏徐淮地区徐州农业科学研究所现代农业试验示范基地。本试验周期降水量为251.5 mm。

试验根据大蒜需水规律，结合大蒜田间水分管理措施设置5个处理，以不灌溉为对照（CK），具体处理如表1所示。灌溉时间根据大蒜生育进程进行设置，分别为11月1日、11月30日、翌年2月28日、翌年4月10日、翌年4月28日，其对应的时间节点为播后、封冻前、返青期、抽薹期、鳞茎膨大期。小区面积为30 m^2，重复3次，随机区组排列，其余栽培管理措施按照当地栽培习惯进行。

表 1　灌溉处理的设置

处理	灌溉时间
CK	不灌溉
W1	播后
W2	播后 + 封冻前
W3	播后 + 封冻前 + 返青期
W4	播后 + 封冻前 + 返青期 + 抽薹期
W5	播后 + 封冻前 + 返青期 + 抽薹期 + 鳞茎膨大期

1.2　测定项目与方法

于 5 月 5 日对各处理大蒜叶片与根系取样。活体法测定硝酸还原酶（NR）活性，参照 Wang 等的方法测定谷氨酰胺合成酶（GS）活性与谷氨酸脱氢酶（GDH）活性，谷氨酸合酶（GOGAT）活性测定参考 Groat、Vance 等的方法，采用赵世杰等的方法测定硝态氮（$NO_3^- -N$）含量；铵态氮（$NH_4^+ -N$）、游离氨基酸和游离脯氨酸含量参考 Saladin 等的方法进行测定，参照王月福等的方法测定可溶性蛋白含量。

1.3　数据处理

采用 Microsoft Excel 2007 软件进行试验数据处理，采用 DPS 7.5 软件进行处理间差异显著性检验，差异显著性检验采用 Duncan 新复极差法。

2　结果与分析

2.1　不同灌溉处理对大蒜氮代谢相关酶活性的影响

由图 1（a）可以看出，叶片的 NR 活性高于根系，其中 4 次灌溉（W4）与 5 次灌溉（W5）叶片 NR 活性显著高于其他处理，而根系 NR 活性表现为 3 次灌溉（W3）即可显著提高。说明以大蒜返青期为时间节点合理灌溉，对提高大蒜 NR 的活性有一定的促进作用。

由图 1（b）可以看出，灌溉的次数对大蒜根系 GS 活性无显著影响，但是对叶片 GS 活性的影响与对叶片 NR 活性趋势相一致，即 W4 与 W5 处理的叶片 GS 活性显著高于其他处理。这说明抽薹期与鳞茎膨大期灌溉对大蒜叶片

GS 活性的促进作用优于其他时期。

由图 1（c）可以看出，GOGAT 活性变化与 GS 的活性变化趋势类似，根系 GOGAT 活性对灌溉次数不敏感，但叶片 GOGAT 活性在 W4 处理下得到显著提高，鳞茎膨大期灌溉对叶片 GOGAT 酶活的促进作用更为显著，W5 处理的叶片 GOGAT 活性显著高于 W4 处理。

GDH 也是氮代谢中一类重要的酶，其中 W4 与 W5 处理的叶片 GDH 显著高于其他处理，而根系只有 W5 处理的酶活显著高于其他处理 [图 1（d）]。

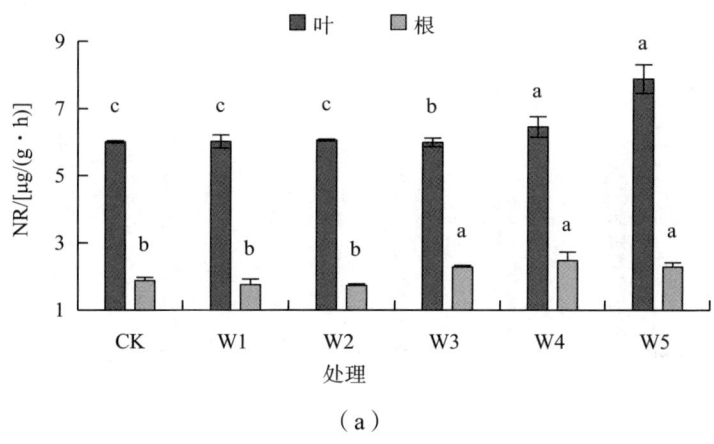

（a）

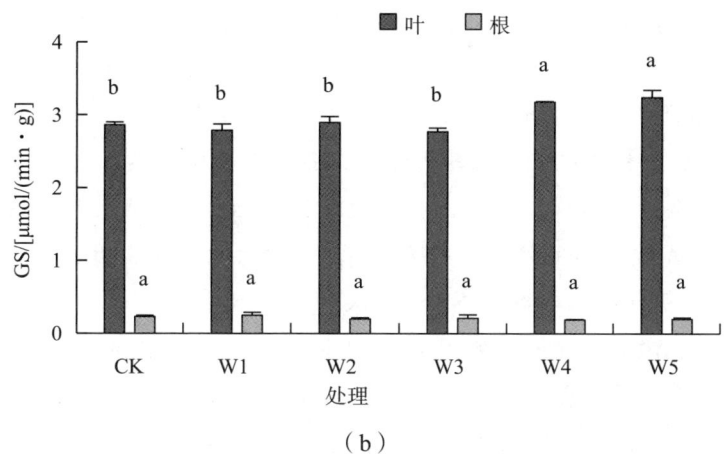

（b）

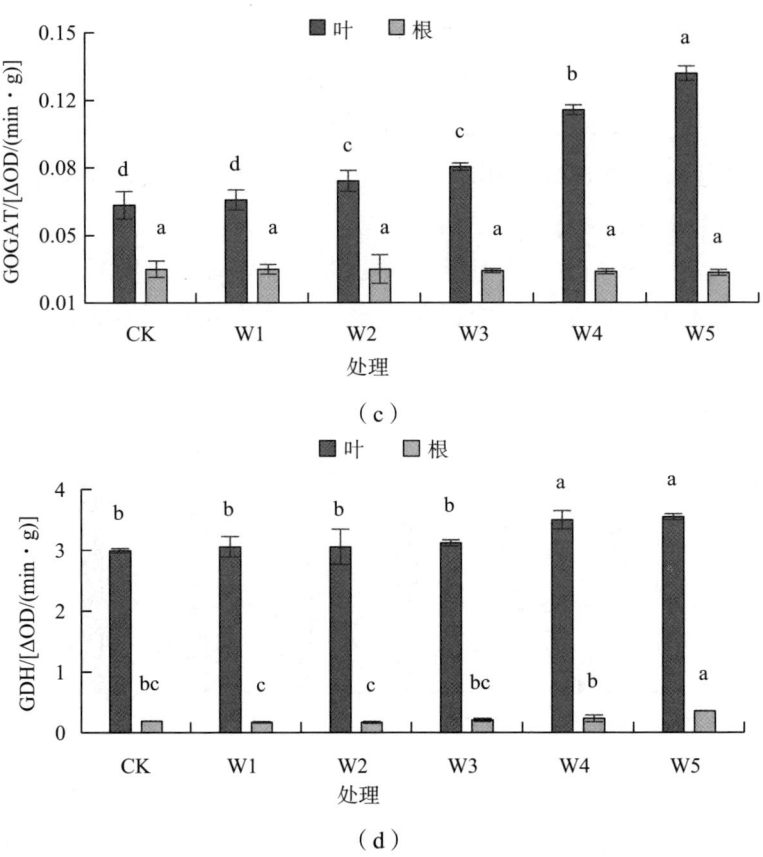

图 1 不同灌溉处理对大蒜叶片与根氮代谢酶活性的影响

2.2 不同灌溉处理对大蒜氮代谢相关物质含量的影响

灌溉次数达到 3 次及以上的时候，大蒜叶片与根中 NO_3^- 含量显著下降，且随着灌溉次数的增加，下降幅度加大 [图 2（a）]。W5 处理叶片与根系的 NO_3^- 含量显著低于其他处理；根系 NH_4^+ 含量于灌溉 3 次后显著下降，叶片 NH_4^+ 含量于灌溉 4 次后显著下降，5 次灌溉处理叶片与根系 NH_4^+ 含量最低 [图 2（b）]。灌溉 4 次后，叶片可溶性蛋白含量显著增加，5 次灌溉显著增加了根系可溶性蛋白含量 [图 2（c）]，说明合理增加灌溉频次有利于可溶性蛋白的合成。叶片游离氨基酸含量于 3 次灌溉后显著降低，5 次灌溉叶片氨基酸含量降至最低，根系游离氨基酸含量于 4 次灌溉后显著降低 [图 2（d）]。

叶片脯氨酸含量于4次灌溉后显著降低，5次灌溉进一步减少了叶片脯氨酸含量，大蒜根部脯氨酸含量也于5次灌溉达到最低[图2（e）]。

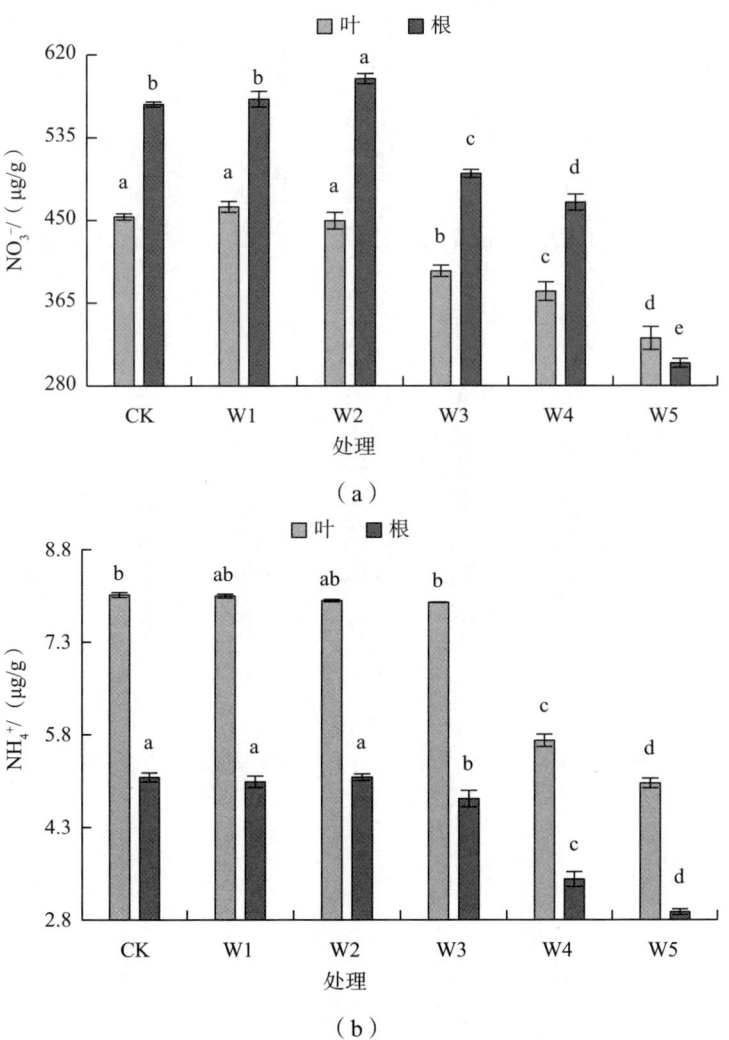

（a）

（b）

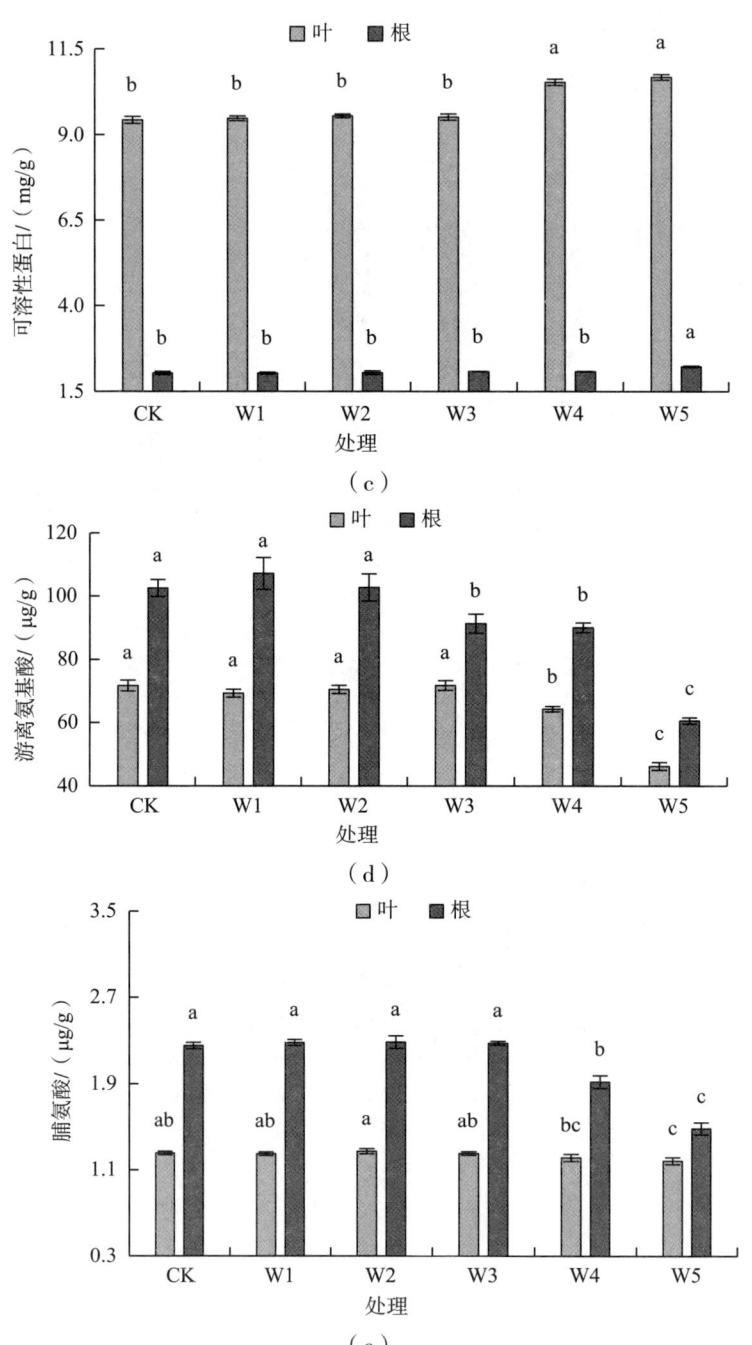

图2 不同灌溉处理对大蒜叶片与根中 NO_3^-、NH_4^+、可溶性蛋白、游离氨基酸和脯氨酸含量的影响

3 结论

4次灌溉处理(W4)能够提高大蒜叶片内的NR、GOGAT、GS、GDH活性及根中NR与GDH活性。5次灌溉处理(W5)氮代谢酶的活性进一步升高,且叶片与根中NO_3^-、NH_4^+、游离氨基酸及脯氨酸含量达到最低水平,而可溶性蛋白含量增加。这说明按照大蒜生育期需水规律进行灌溉有利于提高大蒜氮代谢水平。

【试验九:水分运筹对大蒜生长特性及鳞茎产量、品质的影响】

1 材料与方法

1.1 试验设计

供试大蒜材料为徐蒜918。

试验于2017—2018年在江苏徐淮地区徐州农业科学研究所试验示范基地进行。试验地土壤基本理化性状:pH值为6.24、有机质为18.01 g/kg、全氮为0.70 g/kg、速效磷为33.24 mg/kg、速效钾为96.12 mg/kg。按照当地施肥习惯,整地前施基肥三元复合肥1500 kg/hm²。

大蒜全生育期设置5种水分运筹方式,即播后浇水(W1)、播后+封冻前浇水(W2)、播后+封冻前+返青期浇水(W3)、播后+封冻前+返青期+抽薹期浇水(W4)、播后+封冻前+返青期+抽薹期+鳞茎膨大期浇水(W5),以不浇水为对照(CK)。小区面积为30 m²,重复3次,按随机区组排列。

大蒜于10月30日播种,播后浇水日期为2017年11月1日;封冻前浇水日期为2017年11月30日;返青期浇水日期为2018年2月28日;抽薹期浇水日期为2018年4月10日;鳞茎膨大期浇水日期为2018年4月28日。大蒜生长期的其他管理均按常规方法进行。2017—2018年大蒜生育期间共降雨251.5 mm,在播后、返青期、抽薹期及鳞茎膨大期都有不同程度的降水,属于墒情较好的年份。

1.2 测定项目与方法

根据《大蒜种质资源描述规范和数据标准》调查大蒜农艺性状,即鳞茎膨大期浇水后1周(2018年5月5日)对各处理进行抽样调查,每小区随机抽样10株，测定株高、株幅、叶长、叶宽、假茎高、假茎粗，以10株平均值作为实测值；与此同时，采用乙醇提取法测定叶片色素含量，采用氯化三苯基四氮唑（TTC）法测定根系活力；于2018年5月21日收获大蒜鳞茎（蒜头），晾晒后测定各处理产量。

鳞茎高、鳞茎横径与单头鳞茎重的调查也参照《大蒜种质资源描述规范和数据标准》进行，即从每个小区收获并晾干的鳞茎中随机抽样10个进行鳞茎高、鳞茎横径与单头鳞茎重测定，以10个鳞茎所测平均值作为实测值。

维生素C含量的测定采用钼蓝比色法；大蒜素含量的测定采用苯肼法；可溶性蛋白含量的测定采用考马斯亮蓝法；可溶性糖含量的测定采用蒽酮比色法；纤维素含量的测定采用比色法；丙酮酸含量的测定采用2,4-二硝基苯腙法。

1.3 数据处理与分析

分别采用 Microsoft Excel 2007 软件和 DPS 7.5 软件进行试验数据处理和处理间差异性检验（Duncan 新复极差法）。

2 结果与分析

2.1 不同水分运筹对大蒜生长特性的影响

如表1所示，大蒜生育前期浇水（处理 W1、W2 和 W3）对大蒜地上部分的农艺性状影响不明显，具体表现为株高、株幅、叶长、叶宽、假茎高和假茎粗等指标与 CK 无显著差异。生育后期浇水（处理 W4 与 W5）可明显提高大蒜植株的株高、假茎高和假茎粗（$P < 0.05$），但对株幅、叶长、叶宽等指标的影响较小。

表1 不同水分运筹对大蒜生长特性的影响

单位：cm

处理	株高	株幅	叶长	叶宽	假茎高	假茎粗
CK	52.35 b	48.88 ab	53.63 ab	3.40 a	25.57 b	1.64 b
W1	52.65 b	51.50 ab	51.84 b	3.31 a	24.46 b	1.61 b
W2	50.63 b	47.50 ab	52.34 ab	3.42 a	24.78 b	1.58 b

续表

处理	株高	株幅	叶长	叶宽	假茎高	假茎粗
W3	50.70 b	51.67 b	54.16 ab	3.41 a	25.59 b	1.65 b
W4	57.75 a	63.57 a	59.80 a	3.60 a	28.95 a	1.93 a
W5	57.27 a	61.90 ab	59.41 ab	3.61 a	28.30 a	1.90 a

注：同列数据后不同小写字母表示差异达5%显著水平（$P<0.05$），下同。

2.2 不同水分运筹对大蒜叶片色素含量的影响

由表2可知，叶绿素a和叶绿素b的含量都随着浇水次数的增多呈上升趋势；而浇水次数对类胡萝卜素含量与叶绿素a/b影响差异不显著。W4和W5两个处理与CK相比，可显著提高叶绿素a及叶绿素a+b的含量；W5处理的叶绿素b的含量也显著高于CK。

表2 不同水分运筹对大蒜叶片色素含量的影响

处理	叶绿素a含量/（mg/g）	叶绿素b含量/（mg/g）	类胡萝卜素含量/（mg/g）	叶绿素a+b含量/（mg/g）	叶绿素a/b
CK	0.64 d	0.26 b	0.11 a	0.90 c	2.46 a
W1	0.66 cd	0.28 ab	0.12 a	0.94 bc	2.39 a
W2	0.68 bcd	0.28 ab	0.12 a	0.96 bc	2.43 a
W3	0.71 abc	0.28 ab	0.13 a	0.99 abc	2.53 a
W4	0.73 ab	0.29 ab	0.12 a	1.02 ab	2.52 a
W5	0.75 a	0.30 a	0.13 a	1.06 a	2.50 a

2.3 不同水分运筹对大蒜根系活力的影响

根系活力由大到小顺序为W5＞W4＞W3＞W2＞W1＞CK，其中W1、W2与CK无显著差异，W3、W4和W5都显著高于CK（$P<0.05$），但W3与W4和W4与W5都无显著差异，W5显著高于W3（图1）。因此，随着浇水次数的增加，大蒜根系活力也呈逐渐升高的趋势。

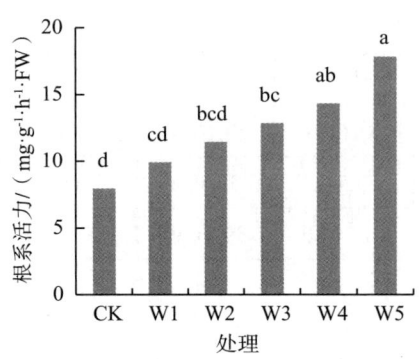

图 1　不同水分运筹对大蒜根系活力的影响

[柱上不同小写字母表示差异达 5% 显著水平（$P < 0.05$）]

2.4　不同水分运筹对鳞茎性状及大蒜产量的影响

由表 3 可知，增加浇水次数可显著增加大蒜鳞茎横径与单头鳞茎重，从而显著提高产量，以 W5 处理的效果最好，W4 次之。W5 处理的大蒜鳞茎横径、单头鳞茎重及小区产量都显著高于 CK，W4 处理的大蒜鳞茎横径、单头鳞茎重和小区产量与 W5 都无显著差异，但浇水次数对鳞茎高无显著影响。

表 3　不同水分运筹对鳞茎性状及大蒜产量的影响

处理	鳞茎高 /cm	鳞茎横径 /cm	单头鳞茎重 /g	小区产量 /kg
CK	3.51 a	5.40 c	51.68 c	50.75 b
W1	3.69 a	5.66 bc	59.74 ab	53.92 b
W2	3.90 a	5.47 c	60.90 ab	55.27 b
W3	3.84 a	5.68 bc	56.18 bc	55.87 b
W4	3.72 a	5.81 ab	60.30 ab	60.21 ab
W5	3.63 a	6.00 a	66.38 a	65.63 a

2.5　不同水分运筹对大蒜鳞茎营养品质的影响

如表 4 所示，不同水分运筹对大蒜鳞茎内丙酮酸、可溶性糖含量影响不显著，但对鳞茎内大蒜素、维生素 C、可溶性蛋白和纤维素含量有显著影响。大蒜素、维生素 C 和可溶性蛋白含量随着浇水次数的增加有降低的趋势,其中 W5 处理的大蒜素含量显著低于 CK 和 W1,CK 的维生素 C 含量显著高于 W2、W3、W4、W5。鳞茎中可溶性蛋白与纤维素含量均表现为 CK > W1 > W2 > W3 > W4 > W5,即随着浇水次数的增加呈递减趋势,其中 CK 的可溶性蛋白含量显著高于其他处理,W5 的可溶性蛋白含量与 W4 差异不显著,但显著低于 W1、W2、W3;纤维素含量以 CK 的含量最高,W4 与 W5 的差异不显著,但显著低于 CK。

表 4　不同水分运筹对大蒜鳞茎营养品质的影响

处理	大蒜素/（mg/g）	丙酮酸/（mg/g）	维生素 C/（mg/g）	可溶性蛋白/（mg/g）	可溶性糖/%	纤维素/%
CK	3.09 a	0.36 a	0.60 a	7.29 a	15.85 a	23.18 a
W1	3.08 a	0.32 a	0.56 ab	6.84 b	15.69 a	20.60 ab
W2	2.97 ab	0.24 a	0.53 bc	6.47 bc	13.59 a	19.75 abc
W3	2.83 ab	0.29 a	0.53 bc	6.33 cd	12.57 a	19.06 abc
W4	2.78 ab	0.26 a	0.52 c	5.97 de	12.07 a	17.63 bc
W5	2.75 b	0.28 a	0.52 c	5.86 e	11.78 a	16.08 c

3　结论

本试验结果说明,按照大蒜生长发育规律进行水分运筹管理,有利于大蒜生长、提高产量,但对大蒜的营养品质有一定的负面影响。因此,在生产上追求大蒜产量的同时,应进一步细化浇水时间与浇水量,提高大蒜营养品质。

【试验十：硫肥对大蒜生长、产量及品质的影响】

1　材料与方法

1.1　试验材料

以徐蒜 917 为供试材料,试验于 2020 年 10 月至 2021 年 5 月在徐州市现代农业试验示范基地进行。试验地块连续两年以上种植大蒜。试验区土壤基础地力：有机质为 18.01 g/kg、全氮为 0.70 g/kg、速效磷为 33.24 mg/kg、速效钾为 96.12 mg/kg、pH 值为 6.24。

供试肥料：三元复合肥（N-P-K=15%-15%-15%）、硫磺（S 99%）。

1.2 试验设计

试验设置 5 个处理，以不施硫肥作为对照，硫肥用量分别为 0（CK）、90 kg/hm²（T1）、120 kg/hm²（T2）、150 kg/hm²（T3）、180 kg/hm²（T4）。小区面积为 20 m²（2 m×10 m），株距为 12 cm，行距为 20 cm，每个处理重复 3 次，试验小区按随机区组排列。其他田间管理均按常规方法进行。

1.3 测定项目与方法

大蒜返青后，参照《大蒜种质资源描述规范和数据标准》调查大蒜生长指标，包括株高、叶长、假茎高等，每个处理随机选取 10 株进行测定。在大蒜返青期和抽薹期，测定大蒜叶片光合色素含量与大蒜植株各部分器官干鲜重，每个处理测定 5 株，即重复 5 次，取 5 次测定结果的平均值。2021 年 5 月 20 日，采收大蒜鳞茎，并调查鳞茎品质，鳞茎自然晾晒 20 d 后，每个处理分别抽取 100 头大蒜调查其鳞茎性状指标并测定小区产量。

采用赵世杰等的乙醇提取法测定大蒜叶片光合色素含量，采用高俊凤的钼蓝比色法测定大蒜鳞茎中维生素 C 含量，参照赵世杰等的蒽酮比色法测定大蒜鳞茎可溶性糖含量，采用王月福等的考马斯亮蓝法测定可溶性蛋白含量，采用张丽霞等的苯腙比色法测定大蒜素含量，游离氨基酸含量采用 Saladin 等的方法测定。

1.4 数据处理与分析

试验数据采用 DPS 7.0 和 Excel 进行统计分析。

2 结果与分析

2.1 硫肥用量对大蒜植株生长特性的影响

从表 1 可以看出，不同硫肥用量对大蒜植株生长发育状况的影响基本上呈先升后降的趋势，以 T2 和 T3 处理效果表现较好，T2 处理的大蒜株高、假茎高和假茎粗显著增加，与不施硫肥 CK 相比，分别提高了 7.94%、6.72% 和 10.35%，T3 处理的大蒜叶宽较 CK 显著增加了 12.01%。因此可见，当硫肥用量达到 120～150 kg/hm² 时，可以促进大蒜的生长。

表 1　不同硫肥用量对大蒜植株生长发育状况的影响

处理	株高 /cm	假茎高 /cm	叶长 /cm	叶宽 /cm	假茎粗 /mm
CK	59.20 ab	29.30 bc	65.20 a	3.08 c	19.61 b
T1	60.67 ab	29.84 ab	65.13 a	3.27 b	20.74 ab
T2	63.90 a	31.27 a	64.63 a	3.41 ab	21.64 a
T3	60.87 ab	30.33 ab	63.53 a	3.45 a	20.73 ab
T4	58.20 b	28.17 c	61.93 a	3.27 b	20.17 b

注：表中同列数据尾部标有不同小写字母，表示处理间差异达 5% 显著水平，下同。

2.2　硫肥用量对大蒜植株各部分生物量的影响

如表 2 所示，施用硫肥对不同时期大蒜植株生物量的积累均有促进作用。在返青期，大蒜植株开始迅速生长。由表 2 可以看出，大蒜根部、假茎和叶片的生物量随硫肥用量的增加呈现出先增后减的抛物线趋势。特别是 T2 处理的叶片鲜重较 CK 显著提高了 43.37%，但根部和假茎的鲜重各施硫处理间差异不显著，这可能是因为大蒜在返青期的快速生长过程中，硫肥能明显增加叶片生物量的积累。抽薹期，是大蒜全面生长的旺盛时期，是大蒜增产的关键时期。由表 2 可以看出，施硫处理的大蒜根部鲜重显著高于 CK，增幅在 22.16%～26.83%，但 4 个施硫处理间差异不显著；T3 处理的假茎鲜重最大，达到 49.71 g，较 CK 显著提高了 22.17%；T2 和 T3 处理的叶片鲜重显著高于 CK，分别提高了 23.32% 和 23.13%；T2 和 T3 处理的大蒜蒜薹和鳞茎鲜重较 CK 都有了一定的提高，但差异不显著；这可能是因为在大蒜抽薹期，硫肥能够明显促进大蒜茎干和叶片的生长，为后期蒜薹与鳞茎的生长累积能量。

表2 不同硫肥用量对大蒜植株各部分生物量的影响

单位：g

处理	返青期			抽薹期				
	根部	假茎	叶片	根部	假茎	叶片	蒜薹	鳞茎
CK	9.68 a	18.79 a	24.51 b	12.86 b	40.69 b	52.62 b	8.58 ab	43.44 a
T1	8.66 a	18.53 a	24.29 b	15.92 a	41.62 ab	53.57 b	7.78 b	46.80 a
T2	11.86 a	23.01 a	35.14 a	16.31 a	48.97 ab	64.89 a	10.00 a	52.05 a
T3	9.89 a	21.27 a	31.60 ab	15.71 a	49.71 a	64.79 a	10.12 a	49.02 a
T4	9.12 a	21.11 a	27.95 ab	16.31 a	46.41 ab	58.92 ab	8.67 ab	46.84 a

2.3 硫肥用量对大蒜植株各部分干物质量的影响

如表3所示，适当的施硫处理可以提高大蒜植株的干物质量。在返青期，T2处理下的叶片干重显著高于CK，较CK增加了43.71%。在抽薹期，大蒜根部、假茎、叶片、蒜薹和鳞茎的干物质量随硫肥用量的增加基本上呈现出先增后减的抛物线趋势。与CK相比，施硫明显提高了大蒜根部的干重，增幅在30.22%～41.76%，但施硫处理间差异不显著；T2处理下的假茎干重达到最大，即6.15 g，比对照增加30.30%；T2处理叶片、蒜薹和鳞茎干重最大，分别达到8.06 g、1.51 g和9.89 g，施用硫肥促进了叶片、蒜薹和鳞茎干物质量的增加，以T2处理表现最好，但各处理间的差异不显著。

表3 不同硫肥用量对大蒜植株各部分干物质量的影响

单位：g

处理	返青期			抽薹期				
	根部	假茎	叶片	根部	假茎	叶片	蒜薹	鳞茎
CK	1.02 a	2.11 a	3.18 b	1.82 a	4.72 b	7.21 a	1.02 ab	8.24 a
T1	0.99 a	2.05 a	3.07 b	2.45 a	4.88 b	6.54 b	0.99 b	8.86 a
T2	1.32 a	2.64 a	4.57 a	2.56 a	6.15 a	8.06 a	1.51 a	9.89 a

续表

处理	返青期			抽薹期				
	根部	假茎	叶片	根部	假茎	叶片	蒜薹	鳞茎
T3	1.20 a	2.23 a	3.65 b	2.58 a	5.96 a	7.63 a	1.38 a	9.56 a
T4	1.15 a	2.23 a	3.42 b	2.37 a	4.79 b	7.41 a	1.31 ab	8.42 a

2.4 硫肥用量对大蒜叶片光合色素含量的影响

本试验测定了大蒜叶片中光合色素的含量。由表4可知，在返青期，随着施硫量的增加，大蒜叶片叶绿素a的含量呈现出先升后降的趋势，叶绿素a含量在T2处理时最大，与CK相比，叶绿素a含量增加了38.13%；不同于返青期，施硫处理对抽薹期的大蒜叶片叶绿素a含量影响不大。由表4可知，在返青期，硫肥的施用提高了大蒜叶片叶绿素b的含量，较CK增加了2.02%~25.84%，并且大蒜叶片叶绿素b的含量随着施硫量的增加呈现先增后减的抛物线趋势；在抽薹期，施硫处理间差异不大。由表4可知，无论是在返青期还是在抽薹期，类胡萝卜素含量整体上随着施硫量的增加呈现先增后减的趋势，均以T3处理表现较好。另外，随着大蒜生长天数的增加，类胡萝卜素的含量也随之升高。由表4可知，叶绿素a+b含量变化趋势与叶绿素a相同；在返青期，叶绿素a+b含量在T2处理时最大，而在抽薹期，施硫处理对叶绿素a+b含量影响不大。

表4 不同硫肥用量对大蒜叶片光合色素含量的影响

单位：mg/g·DW

时期	处理	叶绿素a	叶绿素b	类胡萝卜素	叶绿素a+b
返青期	CK	2.240	0.743	0.129	3.100
	T1	2.577	0.875	0.136	3.452
	T2	3.094	0.935	0.179	4.029
	T3	2.639	0.821	0.187	3.461
	T4	2.576	0.758	0.183	3.334

续表

时期	处理	叶绿素 a	叶绿素 b	类胡萝卜素	叶绿素 a+b
抽薹期	CK	2.315	0.661	0.139	2.975
	T1	2.156	0.657	0.152	2.813
	T2	2.244	0.674	0.149	2.919
	T3	2.286	0.514	0.190	2.800
	T4	2.250	0.675	0.154	2.925

2.5 硫肥用量对大蒜鳞茎性状和产量的影响

如表5所示，施用硫肥显著提高了大蒜鳞茎产量，随着硫肥用量的增加大蒜鳞茎产量呈现先增后降的趋势，增幅在0.48%～13.40%，其中以T2处理效果最好；施硫处理对大蒜鳞茎纵径影响不大，各处理间差异不明显；与CK相比，T2处理的鳞茎横径、单头鳞茎重及一级鳞茎比例显著增加，较CK分别增加了10.28%、12.51%和20.17%。

表5 不同硫肥用量对大蒜鳞茎性状和产量的影响

处理	鳞茎横径/mm	鳞茎纵径/mm	单头鳞茎重/g	一级鳞茎比例/%	产量/（kg/hm^2）
CK	53.91 b	37.50 a	50.27 b	71.73 c	17425.38 b
T1	55.29 b	38.54 a	52.54 ab	82.93 ab	19176.25 ab
T2	59.45 a	39.63 a	56.56 a	86.20 a	19759.88 a
T3	58.64 a	40.99 a	52.11 ab	84.48 a	18926.13 ab
T4	54.13 b	37.45 a	48.11 b	73.95 ab	17508.75 ab

2.6 硫肥用量对大蒜鳞茎营养品质的影响

如表6所示，硫肥的施用显著提高了大蒜鳞茎的营养品质。施硫处理提高了大蒜鳞茎中的维生素C含量，较CK显著增加了1.76%～7.91%，且随着硫肥用量的增加呈现出先升高后下降的变化趋势。硫肥的施用较CK显著增加了大蒜鳞茎中可溶性糖的含量，表现为 T2＞T4＞T3＞T1＞CK，T2 处理较 CK 显著增加了 9.68%，但各施硫处理间的差异不显著。可溶性蛋白含量也随着硫肥用量的增加呈先增后减的趋势，以 T3 处理最高，达到 8.692 mg/g，较 CK 显著增加了 15.97%。大蒜鳞茎中游离氨基酸含量的变化趋势与可溶性蛋白相似，均表现出先增后减的趋势，其中以 T2 处理表现较好，游离氨基酸含量最高达到 303.963 μg/g·FW。施硫处理显著提高了大蒜鳞茎中大蒜素含量，T2 处理表现较好，施硫处理间差异不显著，但均显著高于 CK，T1、T2、T3、T4 较 CK 分别增加了 6.43%、15.11%、14.58% 和 13.13%。

表 6　不同硫肥用量对大蒜鳞茎营养品质的影响

处理	维生素 C/（mg/g）	可溶性糖/%	可溶性蛋白/（mg/g）	游离氨基酸/（μg/g·FW）	大蒜素/（mg/g）
CK	0.455 c	35.545 b	7.495 c	246.384 c	2.627 b
T1	0.463 bc	35.749 ab	8.008 bc	267.832 b	2.796 ab
T2	0.486 a	38.986 a	8.549 ab	303.963 a	3.024 a
T3	0.491 a	38.613 ab	8.692 a	271.662 b	3.010 a
T4	0.481 ab	38.817 ab	8.305 ab	252.002 c	2.972 a

综上所述，当硫肥用量达 120～150 kg/hm^2 时，可以提高大蒜植株长势，促进植株各部分器官干物质量的增加，显著提高大蒜产量和改善鳞茎营养品质。

第七节　大蒜农机具应用推广

一、基本概况

邳州是全国著名的大蒜之乡，是中国第二大优质白蒜生产基地，常年种植面积达 62 万亩，年产量达 70 万吨。邳州白蒜具有品相好、肉质脆、辣味适中、蒜油含量高、商品性佳等特点，被誉为白蒜中的上品，深受国内外市场青睐。邳州市在推进大蒜生产全程机械化过程中，以农业服务公司、农机合作社为主体，重点示范推广机械化种植、高效植保及分段式机械化收获技术，集成推广大蒜耕、种、管、收、分选机械化装备及技术应用水平，辐射带动周边地区示范推广，不断提升大蒜机械化生产服务能力。在生产实验和示范推广带动下，已初步形成适合邳州市大蒜生产机械化的种植模式及技术路线、机具配套方案，促进全市大蒜生产机械化水平的提升。

二、农机装备提档升级

全市大蒜播种机保有量达20 000余台，2023年新增大蒜播种机3000余台，以中小型手扶式大蒜播种机为主，其中立盈2100台、沃富400台、玛利亚500台；大蒜收获机保有量达11 000余台，2023年新增大蒜收获机2000余台，以分段式大蒜收获机为主，其中立盈1200台、沃富500台、玛利亚300台。

三、应用面积及机械化水平

大蒜机械化耕整地以反转灭茬机械为主，机械化耕整地面积达到61.38万亩，耕整地机械化水平达到99%；机械化种植面积达到43.4万亩，机械化种植率达到70%；机械化植保面积达到58.9万亩，机械化植保水平达到95%；收获机械主要以分段式收获机械为主，功能仅限于松土、收拢成行，后续需要人工捡拾和剪须剪茎作业。大蒜机械化收获面积达到27.9万亩，机械化收获水平达到45%。

四、效益分析

通过推广示范、宣传和培训，加速推动技术成果的转化应用，提高机械化生产水平，降低生产成本投入，增加农民经济收益。

1. 经济效益分析

（1）机械分选：机械分瓣清选成本为85元/吨，每亩地大概需要蒜种0.15吨，成本为12.75元/亩，传统人工作业成本为135元/亩，平均每亩节省成本约122.25元。

（2）大蒜播种：机械作业成本为103.5元/亩，传统人工作业成本为400元/亩，平均每亩节省成本约296.5元。

（3）大蒜收获：机械收获成本为84元/亩，传统人工作业成本（仅挖蒜）为300元/亩，平均每亩节省成本约216元。

按照大蒜机械化作业节本、增效、收益等来计算，机械化效益＝蒜种分瓣分选效益＋播种节本效益＋收获节本效益＝122.25+296.5+216=634.75元/亩。

2. 社会生态效益分析

大蒜生产全程机械化涵盖了机械化播种、高效植保、机械化收获等内容。实施大蒜生产全程机械化可以降低劳动投入成本，增加农业产出，社会生态效益显著。

（1）精量施肥、化学防治技术，可以减少化肥和农药的使用，大大减轻化肥和农药污染，降低大蒜农药和化肥残留，为社会提供绿色食品，保护大众饮食健康。

（2）使大量的劳动力从繁重农业劳作中解放出来，不仅降低了大蒜生产劳动强度，利于该产业的发展，而且促进富余劳动力向二、三产业转移，提高农民收入，有利于社会的发展和稳定。

五、推广措施

1. 加强宣传

首先，借助媒体网络，通过电视报道、微信传播等方式宣传；其次，召开现场会、培训会等，加大宣传力度；最后，借助典型事例引导宣传，主动邀请专家和服务组织负责人现身说法，介绍创业经历，分析投入与产出比例，让农民了解机械化作业的好处和优势，有效调动农民热情，加快推进大蒜生产全程机械化。

2. 加强技术培训

按照理论与实践结合、农机与农艺融合的原则，全面开展技术培训。

大蒜生产全程机械化是一项综合性、系统性技术，涉及播种、大田管理、收获等农机农艺相结合的知识、技能、管理方式等。我们将继续通过项目实施过程中的技术培训、技术指导及对新型农机服务主体的培育，加快对大蒜农机具的推广使用，进一步提升全市的大蒜生产全程机械化水平。

第七章
农业绿色发展典型模式

第一节 稻虾综合种养

稻田综合种养是将水稻种植与水产养殖相结合,利用有限稻田空间资源实施稻渔共生、稻渔互补的新型农业生产模式[42]。稻田综合种养既种稻又养鱼、虾等,从单一的种植向种养一体化转变,做到了"一田两用、一地双收"[43]。稻田的水面供小龙虾生长,不仅为小龙虾遮阴避阳,还能提供微生物、野草、昆虫等天然饵料,使小龙虾肥壮、肉鲜味美。而小龙虾的游动、觅食有助于稻田松土、活水、通气,增加田水溶氧量[44]。小龙虾还可以除草灭害,消灭田里的杂草和水生生物,尤其是许多危害性幼虫。同时,小龙虾排出的粪便起到了增肥的作用,大幅降低了化肥、农药用量。在水稻不减产的前提下,增加了经济效益,实现了有机循环,有效改善生态环境[45]。该项技术不仅是促进农村经济发展、生态良性循环的一个重要途径,而且是降低化肥、农药使用量与实施农业面源污染防治的一项关键技术。该模式充分利用生物共生原理,种植和养殖相互促进,在保证水稻不减产的前提下显著增加稻田经济效益。

一、稻虾综合种养

1. 经济效益分析

需调查常规种植和综合种植的投入产出比。徐州地区种植水稻,较好的经济效益是每亩利润2000元,而稻虾混作每亩纯利润比单纯种植水稻提高了一倍左右。稻虾混作的生产过程中未使用任何农药和化肥,稻谷和小龙虾符合无公害食品的要求,产品质量好,价值高。稻田养小龙虾规格整齐、个体肥大,生长速度快、平均规格在 50 克 / 只左右。稻虾混作是将稻与小龙虾养殖有机结合在一起,虽然稻田面积减少,但没影响稻谷的产量,还能促进小龙虾健康快速生长。稻田 – 小龙虾综合种养,在基本不降低稻谷产量的情况下,减少了农药、化肥的使用量,大幅降低了稻谷的农药残留,提升了稻谷的质量安全水平,符合当前人民群众对食品安全的期盼,采取标准化生产和品牌化运作后,稻谷的市场价格可以提升一倍以上,同时,每亩稻田还可以产出 40~80 kg 的小龙虾。全年稻田 – 小龙虾综合种养的稻田亩均综合效益可以达到 3000 元以上,增收效果显著。

2. 生态效益分析

需调研病虫害、土壤肥力、稻田水的水体污染指标。稻田养殖小龙虾,大幅降低了农业面源污染强度,是一项有效改善生态环境、促进农村经济发展、实现生态良性循环的关键技术,生态效益明显。

二、稻田选址

选择水源充足、水质良好,水、电、路三通,保水性能好的稻田。面积一般以 50 亩为宜。土质以黏壤土或沙壤土较好,不宜选择沙土、碎石土、酥松土。

三、田间工程建设

1. 挖沟筑埂

养殖主沟是沿稻田田埂外缘向稻田内 6~8 m 处,开挖环形围沟,围沟上口宽 4~6 m,下底宽 1~2 m,沟深 1.2~1.5 m,坡比为 1∶1.5~1∶2。利用开挖环形沟时挖出的泥土加固、加高、加宽原有田埂,田埂应高于田面 1.0~1.2 m,田埂底部宽 5~6 m,顶部宽 2~3 m,坡比为 1∶1.5~1∶2。稻田改造时虾沟的面积不要超过 10%。

2. 防逃及进排水设施建设

在排水口和田埂上应设防逃墙,用石棉瓦或网片加塑料薄膜做出

40～50 cm 高的防逃墙，四角做成弧形。进、排水口分别位于稻田两端，进水口设置在稻田一端的田埂高处，进水口用 20 目的长型（约 6 m）网袋过滤进水，排水口建在稻田另一端环形沟的低处，排水口的防逃网应为 20 目的网片。

四、稻田消毒及培肥

稻田改造后，田面进水 10～20 cm，利用生石灰或漂白粉泼洒消毒，每亩生石灰用量 75～150 kg、漂白粉用量 20～30 kg。

田面亩施腐熟有机肥 200～300 kg 或 7.5 kg 复合肥 +5 kg 磷肥作为基肥，施肥后进行旋耕、平整。培养轮虫及直角类、桡足类等虾苗的饵料生物。基肥可以适量多施，后期施追肥必须"少量多次"。

五、种植水草和投放有益生物

消毒药物毒性消失后（一般 5～7 天），在环沟内移栽水生植物，如菹草、轮叶黑藻、金鱼藻、眼子菜、水葫芦等，栽植面积控制在 10%～20%，且以零星、分散为好。同时，在环沟及稻田内架设网片，或设置竹筒、塑料桶等，为小龙虾提供栖息、脱壳、隐蔽场所，使其少打洞。

在虾种投放前后，在沟内再投放一些有益生物，如水蚯蚓（0.3～0.5 kg/m^2）、田螺（8～10 个/m^2）、河蚌（3～4 个/m^2）等，既可净化水质，又能为小龙虾提供丰富的天然饵料。

六、稻种选择

稻谷种子要选用抗病、抗虫、抗倒伏的大穗型，稻米品质优良、口感较好，整个生育期在 150～160 天。

七、幼虾放养

幼虾放养前进行缓苗处理；春季每亩地可放 5000 尾。在秋季放种虾时，每亩投送 15～25 kg 即可。以后每一年可根据情况适当补一些种虾。

八、水稻施药

小龙虾对许多农药都很敏感，需要用药时则尽量使用生物制剂农药。施农药时要注意严格把握农药安全使用浓度，并要求喷药于水稻叶面，尽量不喷入水中，而且最好分区用药。应避免使用含菊酯类的杀虫剂。喷雾水剂宜在下午进行。同时，施药前在田间加水至高 20 cm，喷药后及时换水。

九、稻田施肥

稻田基肥要施足，应以腐熟的有机肥为主，在插秧前一次施入耕作内层，达到肥力持久长效的目的。追肥一般每月一次，可根据水稻的生长期及生长情况施用生物复合肥或发酵后有机肥。禁用对淡水小龙虾有害的化肥，如氨水和碳酸氢铵等。

十、养殖管理

按照季节、天气、水质、虾苗的活动情况，确定投喂量的增减，特别是大批虾蜕壳时，注意投喂优质适口的饲料，防止其相互残杀。4 月下旬至 5 月底，水温升高，应加强水质调控、水草养护、饲料投喂。小龙虾食性杂，可投喂植物性或动物性饵料。养殖前期投喂量为体重的 1%～2%，5 月中旬后投喂量为其 3%。上午 8:00—9:00 投喂全天饲料总量的 30%，傍晚 17:00 至晚上 20:00 投喂全天饲料总量的 70%。每半月泼洒生石灰水进行消毒。稻田里的水要经常换，保持水质清新。

十一、病虫害防治

坚持无病早防、有病早治，对养虾水体、食场定期消毒。特别注意要禁止使用敌百虫、菊酯类药物。

十二、小龙虾起捕和销售

稻田养殖小龙虾需要错开上市高峰期，可以在 8 月左右放养亲虾，做好秋冬春期间培育工作，一是可以在 3 月底、4 月初开始进行起捕繁殖后的亲虾上市，提前销售，错开龙虾集中上市高峰期，从而提高经济效益；二是下一年养殖所需虾苗也得以解决，甚至可以对外出售一部分虾苗，进一步增加养殖效益。

第二节　稻田养蟹模式

一、稻田准备

1. 稻田选择

养蟹稻田必须环境安静、交通便利、能灌能排，具有保水保肥能力强的黏土或壤土，特别要求水源清净，不受工业废水、化肥、农药等污染。pH 值为 6.8～9，7.5～8.5 最佳，酸性稻田可用生石灰加以改造。稻田宜为长方形、东西向，利于增加光照时间，便于管理。养殖稻田最好集中连片，具有一定的规模，每块田面积在 7.5～15 亩。

2. 沟池开挖

稻田养蟹的田块需开挖环沟、田间沟和暂养池。环沟可沿田埂内侧四周开挖，离田埂 2～3 m，沟宽 1.5～2 m、深 0.8～1 m；田间沟可以稻田丰产沟为基础适当加宽加深，呈"十"字或"井"字形；暂养池长度视田块大小而定，一般宽 5～6 m、深 1.2 m。环沟、田间沟和暂养池要相互连接畅通，开挖的面积要占稻田总面积的 8%～10%，所挖出的土用于加高加固田埂，要求田埂高 0.8～1 m、顶宽 1 m 以上，施工时要压实夯牢。

3. 水系配套

稻田养殖的用水应与其他农田分开，单独建进水渠道，可选用直径为 40 cm 左右的水泥涵管砌成，也可用砖、石等材料建进水渠道。排水则可利用原稻田的排水渠道。进、排水口都要用较密的铁丝网或塑料网封好，以防养殖的蟹逃逸和敌害随水进入。

4. 防逃设施

防逃是稻田养蟹成败的关键。养蟹防逃设施要求高 50～60 cm，埋入土内 10～20 cm，可用钢筋水泥预制成一定规格的水泥板、抗氧化能力较强的钙塑板与石棉瓦等材料，沿稻田田埂中间四周埋设，用木、竹桩支撑固定，用细铁丝扎牢，两块板接头处要紧密，不能留缝隙，四角要建成弧形。

二、苗种投放

1. 蟹苗选购

要求选用长江水系亲蟹繁殖的蟹苗，规格为 100 只/kg 左右，蟹苗体质健壮，规格整齐，色泽纯正，游泳爬行活跃、敏捷。

2. 蟹苗放养

蟹苗放养一般在水稻秧苗栽插活棵后进行，蟹苗的放养量根据养殖生产实际情况综合决定，一般每亩放养蟹苗 1000 只左右，蟹苗被运到池边后，应先将蟹苗箱放入池水中 1～2 分钟，再提起，如此反复 2～3 次，以使蟹苗适应水温和水质。为了提高稻田的利用率，还可放养部分鲢鱼、鳙鱼种以摄食稻田中的浮游生物，一般每亩放 30～50 尾。

三、水稻栽管

1. 秧苗栽插

宜选用耐肥力强、茎秆坚硬、不宜倒伏、病虫害少、产量高、稻谷成熟期与河蟹收获期一致的水稻品种。在育成大苗后再将秧苗移栽到大田中，移栽前的 2～3 天，要对秧苗普施 1 次高效农药。采用浅水移栽、宽行密株的栽插方法，株行距为 5 cm×5 cm 或 5 cm×6 cm，并注意适当增加田埂内侧、蟹沟两旁的栽插密度，发挥边际优势。

2. 肥料运筹

水稻栽插前要施足基肥，基肥以长效有机肥为主，每亩可施有机肥 200～250 kg，也可在栽插前结合整地深施一次尿素，每亩施 10～20 kg，追肥以尿素为主，全期施 2～3 次，每次每亩施 4～6 kg，视水稻生长情况而定。

3. 除草防病

养蟹稻田中的一些嫩草被河蟹吃掉，但稗草要人工拔除，水稻生长后期的危害主要是三代三化螟，除在栽插前用药普治一次外，对三代三化螟可选用高效低毒农药，采取喷雾的办法进行防治，注意用药浓度，用药后再及时换水1次，这样做既能起到治虫效果，又不会伤害河蟹。

4. 合理烤田

为了保证河蟹的生长觅食，要妥善处理好蟹、稻生长与水的关系。平时保持稻田田面有 5～10 cm 的水深。搁田时则采取短时间轻烤，水位降至稻田田面露出水面即可，以便让空气进入土壤、阳光照射田面，起到杀菌增温的作用，增强水稻根系活力，以达到烤田的目的，争取水稻高产。

四、养殖管理

1. 饲料投喂

稻田河蟹养殖饲料投喂和池塘养蟹基本相同。

2. 水质调控

稻田养蟹由于水位较浅，特别是炎热的夏季，要保持稻田水质清新，溶氧充足。水位过浅时，要及时加水；水质过浓时，则应及时更换新水。换水时进水速度不要过快过急，可采取边排边灌的方法，以保持水位相对稳定。在正常情况下，稻田中水深保持 5～10 cm 即可。

3. 病害防治

稻田养殖的生长、生存条件较好，一般疾病较少，但也要贯彻"以防为主，防重于治"的方针。首先，从营造良好的生态环境入手，通过布设水草、投放活螺蛳、加强水质管理、合理科学地投喂饵料等措施，加强河蟹的自生抗病能力；其次，定期进行水体消毒，一般每月泼洒一次生石灰，起到消毒、净水和增钙的作用。

4. 日常管理

要坚持早晚各巡田一次，一查水质状况，发现水质变化及时采取加水、换水措施；二查河蟹摄食情况，调整饵料的投喂量；三查水草附着物和天然饵料的数量，如果暂养池中水生植物和螺蛳被蟹吃掉，要及时补充；四查防逃设施的完好程度，尤其是大风大雨天气要随时检查，严防河蟹逃逸；五查病害生物及敌害侵袭，发现不正常情况，要及时采取措施加以防范。

5. 稻田养蟹的捕捞

稻田养蟹的收获时间一般从 10 月中旬开始,但也要随气温变化而定,原则是宜早不宜迟,以防降温结冰增加捕捞难度。为了妥善处理蟹、稻收获上的矛盾,在时间和次序的安排上,可在收割水稻前 10～15 天捕蟹,也可以通过逐步加水排水,把河蟹引入暂养池,然后再排水收割水稻。

第三节 秸秆综合利用技术

一、综合利用现状

邳州市农作物秸秆主要来源于水稻、小麦、玉米、棉花、豆类、花生等,2022 年可收集量约 84.32 万吨。从作物秸秆类别来看,以小麦、水稻、玉米秸秆为主,约 82 万吨、占 97.24%,其中小麦秸秆约 29.82 万吨、占 35.36%,水稻秸秆约 20.35 万吨、占 24.13%,玉米秸秆约 31.83 万吨、占 37.75%。从秸秆利用方式来看,"五化"均有涉及。2022 年秸秆综合利用总量达到 81.41 万吨,占可收集量的 96.55%,其中,肥料化 67.53 万吨,占综合利用总量的 82.95%;能源化 13.09 万吨,占综合利用总量的 16.08%;饲料化 0.4 万吨,占综合利用总量的 0.49%;基料化 0.2 万吨,占综合利用总量的 0.25%;工业原料化 0.19 万吨,占综合利用总量的 0.23%。

邳州市建成"组有堆放点、村有收储站、镇有收储中心、市有规模化利用企业"的秸秆收储体系,全市拥有秸秆收储中心(站)325 个,包括镇级收储中心 21 个、村级收储站 87 个、组级临时堆放点 217 个,秸秆收储能力可达到 30 万吨。

1. 秸秆肥料化利用

秸秆肥料化利用是邳州市现阶段秸秆综合利用的主要形式。秸秆肥料化利用主要以秸秆机械化还田为主导,另有宽行作物行间铺草、稻麦秸秆微生物速腐、高温堆肥、生产有机肥等方式。2022 年,全市全年稻麦秸秆机械化还田面积达 104 万亩,其中小麦秸秆机械化还田面积为 63.11 万亩,水稻秸秆机械化还田面积为 40.89 万亩。

2. 秸秆能源化利用

邳州市的秸秆能源化利用以国能邳州生物发电有限公司、邳州鑫祥新能源有限公司等企业直接将其作为燃料为主,以秸秆沼气、农户自用燃料等为辅。

3. 秸秆饲料化利用

邳州市是养殖大市,养殖规模和养殖量居全省前列,推广秸秆氨化、青贮、发酵等技术,将秸秆制成饲料,饲喂牛、羊等大牲畜,在促进节粮畜牧业快速发展的同时,有效地扩大秸秆饲料化利用数量。

4. 秸秆基料化利用

利用农作物秸秆作为食用菌栽培基料,已经具备较为成熟的技术。邳州市在食用菌栽培集中的镇、村,积极培育壮大食用菌基料龙头企业、专业合作组织和种植大户,引导平菇、姬菇、草菇、鸡腿菇、猫木耳等多种食用菌生产过程中以秸秆资源为基料,以食用菌规模化发展带动秸秆基料产业的壮大。积极发展秸秆育苗基料、花木基料、草坪基料等生产企业,促进秸秆基料产业快速发展。

5. 秸秆工业原料化利用

邳州市的秸秆工业原料化利用途径主要是编织、板材等。从效益来看,这是目前直接经济效益较高的一种利用方式。但是,这方面目前秸秆板材、秸秆编织所占份额相对较小。

二、邳州市秸秆综合利用存在的问题

1. 产业化水平偏低,大型利用企业较少

目前全市生产运行较好的产业化龙头企业只有国能邳州生物发电有限公司一家,邳州市收集的秸秆及秸秆压块主要外销,运输成本高、利润低,限制了秸秆的有效利用。

2. 秸秆还田有利有弊,秸秆收储难度大

机械化还田是解决秸秆的有效手段,但连年还田造成病虫草害严重,下茬机械化插秧或玉米播种及播种后新苗根系下扎难等问题凸显；秸秆产生量大、时间紧，秸秆资源分散，收获季节短，收集劳动强度大；秸秆比重轻、体积大，储存场地大，在储存、打包、堆垛时极易发热霉烂，还需防雨、防潮、防火和防雷，投资成本和维护成本费用大；秸秆质地疏松，每立方米只有几十千克，难以实现集约化运输。

3. 秸秆利用整体技术含量较低

技术含量较高的秸秆板材生产企业全市只有1家，基本处于半停产状态，能源化、产业原料化水平有待提升。

三、秸秆综合利用方向、措施及目标

近期目标：以秸秆禁烧为目标，以生态效益与社会效益为主，以经济效益为辅，以就地消化为主，以离地利用为辅。远期目标：以发展秸秆产业化为目标，经济效益与生态效益、社会效益并重，在确保满足耕地质量要求的秸秆最少还田量基础上，以收集利用、高值利用、梯级利用等方式为主要发展方向。

1. 全面提高秸秆机械化还田水平

邳州市以稻麦秸秆为主，实施秸秆机械化还田，是现阶段解决秸秆问题最直接、最有效的途径。要扩大秸秆机械化还田农机具购置补贴范围，加大秸秆机械化还田新机具、新技术推广应用力度，推进农机、农艺措施结合，切实提高秸秆还田质量。根据实际，因地制宜，不断完善秸秆机械化还田技术路线、还田模式和相关扶持政策，加大机械推广和配套力度，鼓励农民购置大马力拖拉机和秸秆还田机具，加快推进邳州市秸秆机械化还田进程。继续鼓励支持小麦秸秆全量还田玉米板茬直播及秸秆覆盖还田、生物腐熟还田、稻麦双套还田、行间铺草等其他秸秆还田方式。为了确保秸秆机械化还田的成效，在秸秆禁烧的重点区域（重点村镇）逐步开展秸秆机械化还田整村推进、整镇推进工作。同时，加大果园等田间铺草利用技术推广力度，鼓励农民利用秸秆堆沤有机肥还田、覆草还田、快速腐熟还田等方式增加秸秆肥料化利用率。

2. 着力建设秸秆收储服务体系

收储难是制约秸秆综合利用的关键因素。收储利用体系建设为各级政府秸秆综合利用资金的主要补助方向，要求至少建 1～2 个大型秸秆收储转运中心，每个村要有临时收储点。按照政府推动、市场运作、企业牵头、农户参与的原则，大力发展合作预测服务、村企结合、劳务外包等多种形式的收储服务，特别要鼓励相关公司、企业深入村组和田间地头开展专业化收储业务，提高秸秆收储运输服务水平。遵循就近就地原则，预留田块场地，规划建设秸秆收储基地。大力发展农作物联合收获、捡拾打捆、储存运输全程机械化，建立较为完善的秸秆田间处理体系，保障区域内的秸秆资源有效收储利用。力争 2025 年，全市秸秆综合利用除机械化全量还田外，全部实现秸秆离田收储利用。

3. 大力推进秸秆能源化利用

秸秆能源化利用潜力较大，应大力开展秸秆综合利用，积极推进农业生态环境保护、推进现代农业讲读材料汇编点建设。利用多种形式，主体就近就地，将秸秆粉碎压制固化成型，发展秸秆固化成型燃料产业，替代煤炭等燃料。把实施燃煤小锅炉改造与推进秸秆成型燃料结合起来，落实锅炉改造使用秸秆燃料补助政策，促进秸秆固化燃料规模化利用。鼓励发展秸秆生物质发电项目，重点抓好国能邳州生物发电有限公司技术改造和运行管理，加大秸秆收储运体系建设，扩大秸秆利用量，提高运营效益。国能邳州生物质发电项目投资近 3 亿元，占地 300 亩，额定发电功率为 30 MW。每年可为电网提供 1.8 亿度的清洁电能，年消耗生物质（农作物秸秆）20 余万吨，相当于年节约标准煤约 10 万吨，减排二氧化碳 30 万吨。国能邳州生物发电有限公司的建成，填补了徐州市没有生物质电厂的空白，有效地促进了邳州市秸秆综合利用工作。

4. 积极发展秸秆工业原料化利用

按照邳州市秸秆工业原料化利用的发展特点，围绕现有基础好、技术成熟度高、市场需求量大的重点行业，加快发展秸秆工业原料化利用，扶持一批上水平的秸秆工业原料化利用重点企业，利用秸秆生产板材、草编等，不断强化秸秆工业原料化利用的技术支撑，积极鼓励农户、村集体组织、农民专业合作组织和龙头企业进行秸秆编织，鼓励发展秸秆墙体材料、秸秆彩瓦、秸秆板材等新型建材。

5.扶持发展秸秆饲料化利用

依托秸秆饲料化利用重点企业，积极发展青贮、微贮、搓丝化、膨化、压块和发酵等技术，培育秸秆饲料加工企业，着重提升秸秆饲料加工企业生产能力，继续推广企业加农户的经营模式，建设一批秸秆饲料产业化生产基地，不断推进邳州市畜牧业快速发展。

6.积极推进秸秆基料化及其他新兴产业发展

一是培育壮大秸秆食用菌基料龙头企业、专业合作组织、种植大户，引导以秸秆资源为基料的食用菌生产，以食用菌规模化发展带动秸秆基料产业的壮大。积极大力开展秸秆综合利用，积极推进农业生态环境保护，扶持秸秆基料、花木基料、草坪基料等生产企业，促进邳州市秸秆基料产业快速发展。二是结合邳州市秸秆资源和综合利用现状，鼓励和扶持企业发展秸秆新型建材、秸秆化工，示范推广秸秆综合利用新技术。三是重点推进国能邳州生物发电有限公司等项目建设，加强秸秆发电企业建设和管理，保障税收、电价补贴等优惠政策的落实。秸秆固化成型点选址将优先考虑生物质电厂的辐射范围。

第八章
农业绿色发展机制和政策研究

第一节 农业绿色发展创新机制与效益研究

农业绿色发展是推进农业供给侧结构性改革的必然要求，是实施乡村振兴战略、推进农业农村现代化的重大举措。绿色农业补贴政策体系的建立，将为我国农业绿色发展注入强大动力，提供有力的制度保障[46]。实践表明，我国已具备构建绿色农业补贴政策体系的物质基础、技术基础、社会基础和实践基础[47]。下一步应着眼于推动我国绿色农业发展的现实与长远需要，契合农业供给侧结构性改革与农业现代化建设的根本要求，聚焦现阶段影响我国农产品质量安全、农业资源合理利用及生态环境保护的关键因素，加快构建我国绿色农业补贴政策体系。

农业农村部加大农业绿色发展，从以下几个方面提出了新的决策部署：

（一）加大力度支持秸秆利用和残膜回收

近年来，按照中央决策部署，农业农村部会同有关部门将推进农业绿色发展作为农业补贴制度改革的"风向标"和政策实施的"导航仪"[48]，相继推出了一系列重大举措。2016年12月，经中央全面深化改革领导小组审议通过和国务院同意，农业农村部和财政部联合向各省级人民政府和有关部门印发了《建立以绿色生态为导向的农业补贴制度改革方案》，将政策目标由数量增长为主转到数量质量效益并重上来。按照改革方案要求，农业农村部从制约农业可持续发展的重点领域和关键环节入手，按照"一控两减三基本"的目标要求，结合农业绿色发展"五大行动"，不断加大对农业资源与生态保护的支持力度。特别是以生猪、奶牛、肉牛养殖大县为重点[49]，启动畜禽粪污资源化利用整县试点，推动规模化养殖场粪污就地就近资源化利用；以东北地区和环京津冀地区为重点，集中开展农作物秸秆综合利用试点，整县推动农作物秸秆以农用为主的综合利用；在内蒙古、甘肃、新疆选择100个重点县推行地膜清洁生产，探索建立多种方式的残膜回收利用机制；支持150个县实施果菜茶有机肥替代化肥行动，支持农作物病虫害社会化服务，推动减少化肥农药使用[48]。这些补贴政策的实施已取得阶段性成效，以绿色生态为导向的补贴政策体系和激励约束机制正在逐步建立。

（二）加强农业大数据采发

加强农业基础数据采集和发布平台建设，是新时代推动农业管理理念和治理方式的重要创新。近年来，农业农村部重点开展了农产品质量追溯平台、农兽药基础数据平台、重点农产品市场信息平台、新型农业经营主体信息直播平台等基础数据平台建设，已经取得初步成效[50]。同时，农业农村部积极构建"天空地"数字农业监测管理系统，并以此推进补贴机制创新，在实施耕地轮作休耕试点政策时，充分发挥遥感技术优势，加强耕地质量变化、作物结构变化和土地确权边界的动态监测，提高补贴的精准性。下一步，农业农村部将继续加强农业基础数据采集和发布平台建设，充分运用现代信息技术手段，为农业绿色高质量发展政策有效实施提供保障。

（三）构建农业绿色发展技术体系

绿色发展根本要靠科技。构建绿色发展技术体系，是农业科技创新的一场深刻革命。近年来，农业农村部会同有关部门大力强化科技支撑，推动农业高质量绿色发展。一方面，以问题为导向，大力开展科技创新。"十三五"期间，围绕东北黑土地保育、华北节水保粮、西北旱区生态循环发展等区域农业发展问题，加强科技攻关，努力实现技术集成突破。国家重点研发计划设立了"化学肥料和农药减施增效综合技术研发""农业面源和重金属污染农田综合防治与修复技术研发"等重点专项，为保障农产品产地环境、水环境安全和农产品质量安全提供了强有力的科技支撑。另一方面，以应用为目的,不断加快绿色技术成果推广。聚焦农业绿色发展重大需求,集成绿色技术模式,因地制宜加强良种良法配套、农机农艺结合、生产生态协同,更加注重低碳环保、节本增效[51]。例如,印发《畜禽粪污土地承载力测算技术指南》,为区域畜禽粪污土地承载力和规模养殖场配套土地面积测算提供依据[52];依托国家畜禽养殖废弃物资源化处理科技创新联盟,总结提炼出粪污全量收集还田利用、专业化能源利用、粪污整县集中统一处理等技术模式,印发全国,指导各地因地制宜合理选择,促进种养结合。下一步,农业农村部将按照"要素投入精准环保、生产技术集约高效、产业模式生态循环、质量标准规范完备"的要求,加快构建高效、安全、低碳、循环的农业绿色发展技术体系,推动农业高质量绿色发展[49]。

第二节　农业绿色发展补偿机制与效益研究

农业绿色发展是推进农业供给侧结构性改革的必然要求,是实施乡村振兴战略、推进农业农村现代化的重大举措。绿色农业补贴政策体系的建立,将为我国农业绿色发展注入强大动力,提供有力的制度保障。实践表明,我国已具备构建绿色农业补贴政策体系的物质基础、技术基础、社会基础和实践基础。下一步应着眼于推动我国绿色农业发展的现实与长远需要,契合农业供给侧结构性改革与农业现代化建设的根本要求,聚焦现阶段影响我国农产品质量安全、农业资源合理利用及生态环境保护的关键因素,加快构建我国绿色农业补贴政策体系。

我国助力于农业绿色生产的补贴有粮食生产直接补贴、良种补贴、农机具购置补贴、农业生产资料综合直接补贴等。

粮食补贴是国家对种田农户进行的补贴,是为进一步促进粮食生产、保护粮食综合生产能力、调动农民种粮积极性和增加农民收入的一项政策,补贴对象包括小麦、玉米、油菜、棉花、水稻等品种,国家财政按一定的补贴标准和粮食实际种植面积,对农户直接给予补贴。

种业是农业的"芯片",是国家战略性、基础性核心产业[53]。党中央、国务院一直高度重视种业发展。2020年10月29日，党的十九届五中全会审议通过的《中共中央关于制定国民经济和社会发展第十四个五年规划和二〇三五年远景目标的建议》，明确提出"十四五"期间要提高农业良种化水平，这标志着现代种业发展已成为"十四五"农业科技攻关和农业农村现代化的重点任务。开展新一轮良种补贴，促进种业有序发展。江苏种子市值，尤其是常规稻麦种子市值，近年来呈现下滑趋势，加之受种业经营主体增多和"品种井喷"现象冲击，造成一边种业竞争激烈，营销利润持续下滑，另一边品种良莠不齐，老百姓不知如何选种的现象。开展新一轮良种补贴不仅可以有效净化种子市场，提升农民种植良种积极性，还可以倒逼企业和科研单位进行原始创新，提升市场竞争力。做好良种保供补贴，需突出抓好3个关键环节。一是形成科学展示评价体系。努力构建"评比试验－集中展示－生产示范"有机结合的品种展示评价体系，综合评定各参试品种生育期、品质产量及抗性指标。二是适时发布主推品种意见。在展示试验和充分尊重种植户、加工生产企业意愿等基础上，根据品质优先、市场需求和生产需要优化布局，及时对外发布优质良种目录。三是良种补贴直供。创新良种补贴办法，明确良种补贴标准及金额，对于中标的受保护新品种，在保障公共利益前提下可采取品种权强制许可等措施平衡品种权人利益和社会公共利益，防止中标新品种价格异涨，确保中标企业以优惠价格将良种直供农户，促进种业产业健康有序发展。江苏省畜牧良种补贴的畜种包括生猪、奶牛和肉牛。奶牛良种补贴项目、肉牛良种补贴项目自2017年已经取消，生猪良种补贴项目目前在部分县（市、区）实施。生猪良种补贴以优惠供应精液的形式进行。

耕地地力保护补贴政策是在农业3项补贴（良种补贴、粮食直补、农资综合补贴）政策基础上顺应农业发展新形势的重要举措，是供给侧结构性改革在农业生产领域的具体体现。滑县严格落实耕地地力保护补贴政策，认真制定实施方案和工作流程，在实施过程中注重信息核查和反馈，及时、详细解答农民的问题，按时完成补贴资金兑付，最大限度地让农民从这一普惠制补贴中受益。近3年来，滑县耕地地力保护补贴标准达97～100元/亩，有效促进了耕地深耕深松、增施有机肥，显著提升了耕地地力。2019年，国家稳定农机购置补贴政策，对保护性耕作、残膜回收、秸秆处理、畜禽粪污资源化利用等机械装备实现应补尽补。这意味着农机购置补贴未来将充分发挥对农业绿色发展的支撑作用[54]。近年来，促进绿色发展成为农业补贴政策的导向。2004年，农机购置补贴政策实施以来，特别是党的十八大以来，中央财政累计安排农机购置补贴资金1116亿元，农机行业迎来了"黄金十年"。目前，我国已成为世界农机制造和使用第一大国，适应我国农业生产的农机工业体系逐步完善。

2018年以来，国家调整农机购置补贴政策，把符合绿色生态导向的创新产品列为支持重点，大力支持保护性耕作、秸秆还田离田、精量播种、精准施药、高效施肥、水肥一体化和节水灌溉等绿色高效机械装备和技术的示范推广。同时，完善农机报废更新补贴实施操作办法，适度提高回收拆解补贴标准，加快淘汰能耗高、污染重、安全性能低的老旧农机具。

不仅是农机购置时有补贴，农业农村部、财政部和商务部三部门办公厅还联合印发《农业机械报废更新补贴实施指导意见》(简称《意见》)，针对农机超期服役问题，出台报废更新补贴政策，引导各地加快老旧农业机械报废更新进度，优化农机装备结构，促进农机安全生产和节能减排。《意见》指出，要牢固树立新发展理念，紧紧围绕实施乡村振兴战略，深入推进农业供给侧结构性改革，坚持"农民自愿、政策支持、方便高效、安全环保"的原则，进一步加大耗能高、污染重、安全性能低的老旧农业机械淘汰力度，加快先进适用、节能环保、安全可靠农业机械的推广应用，推进农业机械化转型升级和农业绿色发展[55]。

2020年农业补贴重点补贴九类人中以下三类人需要格外关注：秸秆综合利用经营者，京津冀地区和东北是我国秸秆综合利用补贴的重点[56]，补贴标准为1亩地25元；畜禽粪资源化利用经营者，目前我国正在推进51个肉牛、奶牛及生猪养殖县畜禽粪资源化利用的项目补贴项目；残膜回收利用的经营者，农村有很多残存的地膜，造成大规模污染，因此国家支持残膜的回收，目前已有100多个县出台了相关的政策。农业废弃物的回收及综合利用是农业绿色发展中必不可少的重点环节。

第九章
现有农业绿色发展的标准

我国农业农村部历来重视农业标准体系建设，经过多年努力，取得了初步进展和成效，为农业绿色发展提供了重要支撑。总体上，现有农业标准体系贯通了农业产地环境、投入品、生产规范、产品质量、安全限量、检测方法、包装标识、储存运输等方面，农产品生产全过程标准体系基本建立，初步形成了以国家和行业标准为骨干、地方标准为基础、企业标准为补充的4级标准体系框架[57]。

具体来看，我国农业农村部分别围绕产品消费安全、粮食安全和优势农产品区域布局规划、重大动植物疫病防治、农业生态安全、生产过程控制等方面，针对大宗粮食作物、优势和特色果蔬、畜禽、禽流感、口蹄疫，外来生物入侵防控和天敌饲养及防治，制定了万余项相关标准。在指导和规范农业生产行为、提升农业绿色发展和消费水平方面发挥了积极的引导和促进作用[58]。

农业农村部办公厅在《农业绿色发展先行先试支撑体系建设管理办法》中提到，要建设农业绿色发展先行支撑体系，建立和完善绿色农业标准体系是重点任务。加快制定一批资源节约型、环境友好型农业标准，健全提质导向的农业绿色标准体系。在生产领域，制定完善农产品产地环境、投入品质量安全、农兽药残留、农产品质量安全评价与检测等标准。建设绿色生产标准化集成示范基地，整县推动规模主体按标生产。在加工领域，制定完善农产品加工质量控制、绿色包装等标准。在流通领域，制定完善农产品安全储存、鲜活农产品冷链运输及物流信息管理等标准。

邳州市农业绿色发展理论与实践

ICS 65.020.20
B 31
备案号：27023-2010

DB32

江苏省地方标准

DB32/T 1579—2010

地理标志产品　邳州白蒜

Prodact of geographical indication——Pizhou white garlic

2010-02-04 发布　　　　　　　　　　　　　　2010-05-04 实施

江苏省质量技术监督局 发布

第九章 现有农业绿色发展的标准

前　言

本标准按GB/T 17924《地理标志产品标准通用要求》、GB/T1.1-2009《标准化工作导则　第1部分：标准的结构和编写》编制。

本标准由徐州市邳州质量技术监督局、邳州市农业局提出。

本标准起草单位：徐州市邳州质量技术监督局、邳州市农业局。

本标准主要起草人：于跃、高庆礼、陈文楼、周玲娣、杨兆光、黄立民。

地理标志产品 邳州白蒜

1 范围

本标准规定了邳州白蒜的地理标志产品保护范围、术语和定义、要求、试验方法、检验规则、标志、包装、运输与贮存。

本标准适用于国家质量监督检验检疫总局根据《地理标志产品保护规定》批准保护的邳州白蒜。

2 规范性引用文件

下列文件中的条款通过本标准的引用而成为本标准的条款。凡是注日期的引用文件,其随后所有的修改单(不包括勘误的内容)或修订版均不适用于本标准,然而,鼓励根据本标准达成协议的各方研究是否可使用这些文件的最新版本。凡是不注日期的引用文件,其最新版本适用于本标准。

GB/T 191 包装储运图示标志
GB 4285 农药安全使用标准
GB 5084 农田灌溉水质标准
GB/T 5009.3 食品中水分的测定
GB/T 5009.5 食品中蛋白质的测定
GB/T 5009.7 食品中还原糖的测定
GB/T 5009.20 食品中有机磷农药残留量的测定
GB/T 5009.87 食品中磷的测定
GB/T 5009.90 食品中铁、镁、锰的测定
GB/T 5009.124 食品中氨基酸的测定
GB/T 8855 新鲜水果和蔬菜的取样方法
NY 5001 无公害食品 葱蒜类蔬菜
SB/T 10158 新鲜蔬菜包装通用技术条件
JJF 1070-2005 定量包装商品净含量计量检验规则
国家药典委员会(2005年版) 《中华人民共和国药典 一部》
国家质量监督检验检疫总局令[2005]第75号 《定量包装商品计量监督管理办法》

3 地理标志产品保护范围

邳州白蒜的地理标志产品保护范围限于国家质量监督检验检疫行政主管部门根据《地理标志产品保护规定》批准的保护范围。即江苏省邳州市现辖行政区域内(地理坐标为东经117°35′50″~118°10′40″,北纬34°07′~34°40′48″),见附录A。

4 术语和定义

下列术语和定义适用于本标准。

第九章 现有农业绿色发展的标准

4.1

邳州白蒜 Pizhou white garlic

产于本标准第3章规定区域内，符合本标准质量要求的蒜头，具有蒜头干爽、蒜皮白、个头大、抱头紧、辛辣度适中、上市早、耐贮运等特色。

4.2

横径 diameter

蒜头最大横断面的直径。

4.3

梗长 stem length

大蒜假茎或花茎从剪断处至鳞茎顶端的距离。

4.4

坚实饱满 solid and plump

大蒜鳞茎发育良好，蒜瓣排列抱合紧密，不呈皱缩状态。

4.5

霉变蒜 rotten garlic

受霉菌侵染，出现霉斑的蒜头。

4.6

发芽蒜 germinating garlic

一个或多个蒜瓣内的休眠芽萌发长达蒜瓣长度三分之一的蒜头。

4.7

散瓣蒜 scatter garlic

因收获过迟、成熟过度或遭受机械外力而使蒜瓣散落的蒜头。

4.8

虫蚀蒜 worm-bitten garlic

一个或多个蒜瓣被虫咬伤的蒜头。

4.9

日灼伤蒜 scalding garlic

因日晒引起蒜瓣肉质透明变黄的蒜头，俗称"糖蒜"。

4.10

皱缩空腔蒜 wrinkled-clove and empty garlic

一个或多个蒜瓣萎缩形成空壳的蒜头，俗称"气蒜"。

4.11

机械伤 mechanical injury

因机械外力造成的蒜头损伤，如刀切伤、碰伤、擦伤等。

5 要求

5.1 产地环境

邳州地理环境优越，地势平坦，土壤肥沃，为东经117°35′50″～118°10′40″，北纬34°07′～34°40′48″区域，适合邳州白蒜种植；境内空气质量优良，属半湿润暖温带季风气候，四季分明，日照充足，平均气温13.9°，年平均日照2350小时，适宜白蒜生长。

5.2 种植加工过程

5.3 立地条件

土壤类型为两合土、淤土和黑土，有机质含量12.3g/kg至13.4g/kg，全氮含量为1.02 g/kg至1.2g/kg，全磷含量在中等水平，速效磷为≥6.0mg/kg，速效钾≥126.5 mg/kg，耕作层含养分量明显高于底土层。土壤pH值7.5至8.5。水源充足，水质优良，灌排条件良好。

5.3.1 栽培

5.3.1.1 选种

选择符合本品种特征、发育良好、无检疫性病虫害和机械损伤、蒜瓣肥大均匀的留种。

5.3.1.2 整地

土壤经翻耕并整细、整平，深沟高畦，畦面平整，边畦沟纵横相通，排灌自如。

5.3.1.3 种植

5.3.1.3.1 邳州白蒜种植适宜期为9月下旬至10月上旬。

5.3.1.3.2 邳州白蒜每667m^2播种27000株至31000株。

5.3.1.3.3 播种后用无齿耙轻轻趟平，每667m^2用33%的除草通150mL喷雾防除杂草，覆盖地膜，两边各留8～10cm压土并拉平地膜，让地膜紧贴地面。

5.3.2 田间管理

5.3.2.1 苗期管理

在幼苗顶土期，每天查看出苗情况，及时进行人工辅助出苗，用小钩及时破膜拎苗。

5.3.2.2 灌溉水

邳州白蒜生长过程中，根据长势、降水量、天气和生长发育期合理灌溉返青水和膨大水（灌溉用水应符合GB 5084的要求），保持土壤湿润，促进后期物质积累。

5.3.2.3 施肥

5.3.2.3.1 按平衡施肥技术，以有机肥为主，基肥、追肥施用相结合，适时追施返青肥和膨大肥，后期追施叶面肥。

5.3.2.3.2 肥料选用应符合安全生产要求，有效成分达到国家规定标准，并从有资质的肥料销售商或生产厂家采购。

5.3.2.4 农药的使用

使用农药应严格遵循GB 4285的规定，不得使用国家明令禁止使用的农药，应严格执行农药安全间隔期。

5.3.2.5 采摘蒜薹

在5月初之前适时采摘蒜薹。

5.3.2.6 收获及晾晒

邳州白蒜采收一般为5月下旬,当田间80%植株基部叶片发黄,假茎松软,即为收获适期。邳州白蒜收获后不得直接暴晒蒜头,在晾晒过程中应经常翻动,防雨淋、防霉变、防污染。

5.4 质量要求

5.4.1 等级指标

邳州白蒜按干蒜头横径分为特级、一级、二级、三级,各等级的白蒜应符合表1规定。

表1 邳州白蒜等级

项目	等级			
	特级	一级	二级	三级
蒜头横径,mm	≥65	60.0~64.9	55.0~59.0	45.0~54.9
梗长度,mm ≤	20			
感官特性	1. 外观整齐,形状呈扁圆形,蒜头干爽、洁净、坚实饱满,蒜皮白、蒜香味浓、辛辣度适中。 2. 无霉变、发芽、日灼伤、虫蚀、僵蒜。 3. 无散瓣、皱缩空腔、机械伤。	1. 外观整齐,形状呈扁圆形,蒜头干爽、洁净、坚实饱满,蒜皮白、蒜香味浓、辛辣度适中。 2. 无霉变、发芽、日灼伤、虫蚀、僵蒜。 3. 无散瓣、皱缩空腔、机械伤。	1. 外观整齐,形状呈扁圆形,蒜头干爽、洁净、坚实饱满,蒜皮白、蒜香味浓、辛辣度适中。 2. 无霉变、发芽、日灼伤、虫蚀、僵蒜。 3. 无散瓣、皱缩空腔、机械伤。	1. 外观较整齐,形状呈扁圆形,蒜头干爽、洁净、坚实饱满,蒜皮白、蒜香味浓、辛辣度适中。 2. 无霉变、发芽、日灼伤、虫蚀、僵蒜。 3. 无散瓣、皱缩空腔、机械伤。
等级不合格容许度	感官特性1、3中不合格率之和按质量计不超过3%,规格分级中不符合等级要求的按质量计不超过5%。	感官特征1、3中不合格率之和按质量计不超过4%,规格分级中不符合等级要求的按质量计不超过7%。	感官特征1、2、3中不合格率之和按质量计不超过6%,其中第二项不合格率不超过2%,规格分级中不符合等级要求的按质量计不超过8%。	感官特征1、2、3中不合格率之和按质量计不超过8%,其中第二项不合格率不超过2%,规格分级中不符合等级要求的按质量计不超过8%。

5.4.2 理化指标

邳州白蒜理化指标应符合表2的规定。

表2 理化指标

项 目	指 标
水分,g/100g	62~70
蛋白质,g/100g ≥	4.2
碳水化合物,g/100g	22~30
氨基酸,g/100g ≥	5.0

续表

项　　目		指　　标
大蒜素，mg/100g	≥	660
磷，mg/100g	≥	117
铁，mg/100g	≥	1.0
镁，mg/100g	≥	20

5.4.3　安全质量指标

应符合NY 5001的规定。

5.4.4　净含量

净含量应符合国家质量监督检验检疫总局令[2005]第75号《定量包装商品计量监督管理办法》的规定。

6　试验方法

6.1　等级指标检验

6.1.1　蒜头横径

用精度为0.1mm的通用量具测量蒜头横径。

6.1.2　梗长度

邳州白蒜梗长用游标卡尺（0 mm～125 mm）测量确定。

6.2　理化指标检测

6.2.1　水分

按GB/T 5009.3规定执行。

6.2.2　蛋白质

按GB/T 5009.5规定执行。

6.2.3　碳水化合物

按GB/T 5009.7规定执行。

6.2.4　氨基酸

按GB/T 5009.124规定执行。

6.2.5　大蒜素

按《中华人民共和国药典　一部》（2005版）中附录VID的规定执行。

6.2.6　磷

按GB/T 5009.87规定执行。

第九章 现有农业绿色发展的标准

6.2.7 铁、镁

按GB/T 5009.90中规定的方法检验。

6.3 安全质量指标检验

按NY 5001规定执行。

7 检验规则

7.1 组批

同一产地、同一品种、相同栽培条件、同时采收的邳州白蒜作为一个检验批次。

7.2 抽样

按GB/T 8855中的有关规定执行。

7.3 检验

7.3.1 检验分类

产品检验分为交收检验和型式检验。

7.3.2 交收检验

每批产品交收前应进行交收检验，交收检验项目为等级指标。检验合格并附合格证后方可交收。

7.3.3 型式检验

型式检验是对产品进行全面考核，即对本标准规定的全部要求进行检验。有下列情形之一者，应进行型式检验：
a）人为或自然因素使生产环境发生较大变化；
b）前后两次抽检结果有较大差异；
c）国家质量监督部门提出型式检验要求。

7.4 判定规则

7.4.1 交收检验时，在整批产品中各等级不合格品率超过规定值时，判定其等级不合格，允许重新分等，进行第二次验收，若仍不合格判定该批产品不合格。

7.4.2 型式检验时，等级判定同7.4.1。安全质量指标检验不合格，则判定该批产品不合格，理化指标检验不合格，允许加倍抽样复检，若复检仍有不合格项则判定该批产品不合格。

8 标志、包装、运输与贮存

8.1 标志

8.1.1 获准使用邳州白蒜地理标志产品专用标志的生产者，应按地理标志产品专用标志管理办法的规定在其产品上使用防伪专用标志。

8.1.2 销售邳州白蒜的定量包装标志应包括：

a) 品名、产品标准号、等级、净含量;
b) 原产地、销售单位及地址、商标、联系电话;
c) 生产日期;
d) 运输、贮藏注意事项。

8.2 包装

邳州白蒜应按等级分别包装;包装应整洁、干燥、牢固、大小一致;包装物应符合 SB/T 10158 的要求。

8.3 运输

运输工具应干净、无污染,运输时应防止日晒、雨淋和挤压、撞击。

8.4 贮存

邳州白蒜采收后,应充分晾晒干燥后贮存。短期贮存应存放于干燥、清洁的仓库内,底部应放隔潮物,如枕木等;长期贮存应存放于温度-2℃~1℃的低温冷库,库内相对湿度应保持在70%~80%。不得与有毒有害物质混装、混放。

ICS 67.080.01
B 31
备案号:

DB32

江 苏 省 地 方 标 准

DB32/T 1808—2011

白蒜冷藏保鲜技术规程

White garlic refrigeration maintaining freshness technical schedule

2011-06-15 发布　　　　　　　　　　　　　　2011-08-15 实施

江苏省质量技术监督局 发布

前 言

　　白蒜冷藏保鲜目前尚无国家标准和行业标准，为延长白蒜的保鲜期和供货期，提高我省白蒜的市场竞争力，稳定白蒜产业发展特制定本标准。

本标准GB/T 1.1-2009《标准化工作导则第1部分：标准的结构和编写》编制。

本标准由徐州市农业局提出。

本标准起草单位：徐州市农产品与环境质量监测中心、邳州市农林局、徐州市黎明食品有限公司。

本标准主要起草人：温荣夫、周玲娣、胡　明、高庆礼、杨兆光、蓝　玲、张黎明、杨　鹏。

白蒜冷藏保鲜技术规程

1 范围

本标准规定了白蒜冷藏保鲜的冷库要求、冷藏保鲜要求、记录。
本标准适用于白蒜的冷藏保鲜。

2 规范性引用文件

下列文件对于本文件的应用是必不可少的。凡是注日期的引用文件,仅注日期的版本适用于本部分。凡是不注日期的引用文件,其最新版本(包括所有的修改单)适用于本部分。
GB 8868-88 蔬菜塑料周转箱

3 冷库要求

3.1 冷库建址选择

选择地势高亢,排水条件良好,周边没有污染源的地方建设白蒜贮藏冷库,应避免煤烟气、汽油气、煤油气以及乙烯、乙醇、乙醛等气体的污染。

3.2 冷库建设

单体冷库建设规格为长20m~25m,宽10m~15m,高6m~7m,根据包装箱(袋)的体积,内置金属或竹木货架,单体贮藏白蒜700T~800T。制冷动力系统根据冷库群的要求统一设计配置安装与调试。建筑物的主体一般为钢筋混凝土框架结构或者砖混结构。

4 冷藏保鲜要求

4.1 白蒜入库前准备与要求

白蒜入库前先高温暴晒,进行诱导休眠处理。根据国内外市场需求,对白蒜去除根须,留1cm~1.5cm的假茎,进行挑选分级,去除有机械伤和病虫害的蒜头,然后装箱(筐、网袋),或按出口要求等特殊规定进行包装入库。塑料包装箱应符合GB 8868-88的要求。

4.2 入库

处理后的白蒜可直接码放在库内,根据实际需要设置库内码垛搭架,垛与垛之间要留一定距离,按秩序逐层放置经筛选并装好的白蒜箱(筐、袋),每次入库量不应超过库容量的1/8。

4.3 温度控制

白蒜冷藏保鲜最适宜的贮藏温度为-1℃~-2℃,最低不应低于-5℃。

4.4 湿度控制

白蒜冷藏保鲜相对湿度应小于80%，最适湿度为50%～60%。

4.5 气体成分控制

氧气浓度应控制在3.5%～5.5%；二氧化碳浓度应控制在12%～16%。

4.6 鲜藏中常见的病害及防治

白蒜在冷藏保鲜过程易出现的病害表现有：鳞茎呈棉状腐烂；鳞茎呈干腐状；鳞茎被虫蚀；发热变质等。应采取入库前对库房及用具彻底杀菌消毒；选择耐贮的品种；及时去除腐烂和机械伤的白蒜；控制环境条件，即保护良好的通风干燥状态，控制温、湿度等措施。

5 记录

对白蒜收储和冷藏保鲜工艺中每一个环节进行记录。

ICS 65.020.20
B31
备案号：

DB32
江 苏 省 地 方 标 准

DB32/T 3632—2019

大蒜地膜覆盖栽培及地膜回收技术规程

Technical regulation for garlic mulching cultivation and film recovery

2019-07-11 发布　　　　　　　　　　　　　　　2019-08-01 实施

江苏省市场监督管理局　　发　布

前　言

本标准按照GB/T 1.1—2009给出的规则起草。
本标准由邳州市农业农村局、邳州市市场监督管理局提出。
本标准由邳州市农业农村局归口。
本标准起草单位：邳州市农业农村局、邳州市耕地质量保护站。
本标准主要起草人：李博、陈晓辉、王仲、于跃、林强军、程秀然、王继梅。

大蒜地膜覆盖栽培及地膜回收技术规程

1 范围

本标准规定了大蒜地膜覆盖栽培及地膜回收技术的术语和定义、整地作畦、播种、地膜选用及覆盖、田间管理、收获、地膜回收。

本标准适用于江苏省秋播大蒜地膜覆盖栽培区域。

2 规范性引用文件

下列文件对于本文件的应用是必不可少的。凡是注日期的引用文件,仅注日期的版本适用于本文件。凡是不注日期的引用文件,其最新版本(包括所有的修改单)适用于本文件。

GB 3838　地表水环境质量标准
GB/T 8321　(所有部分)农药合理使用准则
GB 13735　聚乙烯吹塑农用地面覆盖薄膜
GB 15618　土壤环境质量　农用地土壤污染风险管控标准(试行)
GB 16889　生活垃圾填埋场污染控制标准
GB/T 25413　农田地膜残留量限值及测定
GB/Z 26578　大蒜生产技术规范
HG/T 4365　水溶性肥料
HJ/T 364　废塑料回收与再生利用污染控制技术规范(试行)
NY/T 496　肥料合理使用准则　通则
NY/T 848　蔬菜产地环境技术条件
NY/T 1276　农药安全使用规范　总则
DB32/T 608　徐州白蒜分级
DB32/T 953　徐州白蒜生产技术规程

3 术语和定义

下列术语和定义适用于本文件。

3.1

茎踵 plateau

即鳞茎盘,是茎的变态,呈盘状。

3.2

地膜残留 plastic film residue

地膜使用后未回收或回收不完全而残存农田土壤中的地膜碎片。

3.3

地膜回收率 film recovery rate

在大蒜收获后地膜回收质量占覆盖地膜质量的百分数。

3.4

茬口 crops in rotation srstem

一块地上栽种的前后季作物及其替换次序。

3.5

水肥耦合 water and fertilizer coupling

根据不同水分条件，提倡灌溉与施肥在时间、数量和方式上合理配合，促进作物根系深扎，扩大根系在土壤中的吸水范围，多利用土壤深层储水，并提高作物的蒸腾和光合强度，减少土壤的无效蒸发，以提高降雨和灌溉水的利用效率，达到以水促肥，以肥调水，增加作物产量和改善品质的目的。

4 整地作畦

4.1 选地

4.1.1 选地要求

选择地势平坦、土层深厚、土壤疏松、保水保肥、排水良好、有机质丰富、土壤生态良好田块。土壤环境质量应符合 GB 15618 规定的Ⅱ类标准的规定，产地环境应符合 NY/T 848 的规定。

4.1.2 茬口

大蒜与非葱蒜类作物轮作宜 4 年～5 年，5 年以上换茬。

4.2 备耕

4.2.1 晒垡

对土壤板结田块，应耕翻晒垡，翻耕深度在 20 cm～25 cm，晒垡时间在 10 d～15 d。

4.2.2 底肥

耕地前每亩施用腐熟有机肥500 kg或生物有机肥250 kg，配方复（混）合肥（大蒜专用肥）60 kg～75 kg。缺少微量元素锌、硼的田块可用硫酸锌1 kg和硼砂1 kg，一次性做底肥施入后耕翻土壤。

4.2.3 耕地作畦

播种前对田块进行中耕或浅中耕，耕翻深度在10 cm～20 cm，耕后要破碎较大土块，使用旋耕机旋地，达到土块直径小于1.5 cm，耙细耙实，没有明暗土块交错，整地作畦，达到畦面平整，边沟、畦沟纵横相通。应采用南北畦向。畦宽宜2m，畦长根据地块长度而定。

5 播种

5.1 种瓣选择

5.1.1 选择高产、优质、熟期适宜、适于当地种植的大蒜品种。蒜种应具备一致性高的典型特征，纯度应该达到 98%以上，水分不高于 65%；蒜头圆整，种蒜瓣大小一致，蒜瓣肥大、色泽亮洁，顶芽肥壮、无病瓣、无破损瓣、无弯曲瓣、无烂瓣、无夹心瓣，每瓣质量 2.5 g～5 g。蒜种质量应符合 DB32/T 953 的规定。

5.1.2 播种时可按大、中、小分为三级，质量应符合 DB32/T 608 规定。

5.2 蒜种处理

5.2.1 晒种

播前晒种 1 d～2 d。

5.2.2 掰瓣去踵

蒜瓣基部的干燥茎盘（茎踵）应在浸种前 1 d～2 d 及时剥掉。

5.2.3 浸种与拌种

5.2.3.1 浸种

温水浸种、液肥浸种和药剂浸种等三种方法择其一，并应符合 GB/Z 26578 规定。

a）**温水浸种**：将晾晒后的蒜种用 40℃左右的温水浸泡 24 h，期间换水 2 次～3 次，保持水温，捞出后晾晒 4h 左右。

b）**液肥浸种**：将晾晒后的蒜种用 0.3%的磷酸二氢钾溶液浸种 5 h～6 h，浸种后捞出。

c）**药剂浸种**：将晾晒后的蒜种用 50%多菌灵可湿性粉剂 500 倍液浸种 2 h～3 h,或用 50%的甲基托布津 800 倍～1000 倍液浸种 30 min，或用 0.01%的高锰酸钾溶液浸种 20 min～30 min，捞出后沥干。

5.2.3.2 拌种

播种前行拌种。每亩蒜种用 60%～70% 吡虫啉悬浮种衣剂 30 mL～40 mL 加 0.004% 芸苔素内酯 20 mL～40 mL 或加上 25g/L 咯菌腈悬浮种衣剂对水 250 g～300 g 拌种后播种。

5.3 播种期

秋播大蒜以常年日平均气温稳定在 23℃以下为始播期，5 cm 土壤温度为 18℃左右；应结合当地种植制度确定播种期，一般为 9 月下旬至 10 月上中旬为最佳播期。

5.4 播种量

采收蒜头为主，每亩用种 150 kg～200 kg；采收蒜薹为主，每亩用种 200 kg～250 kg；蒜薹和蒜头兼收的用种 150 kg～240 kg。

5.5 密度

采收蒜头为主，行距 15 cm～20 cm，株距 10 cm～15cm；采收蒜薹为主，行距 14 cm～18 cm，株距 6 cm～10 cm；蒜薹和蒜头兼收的大蒜，行距 16 cm～18 cm，株距 10 cm～13 cm。

5.6 播种深度

按种瓣大小分级播种，种瓣栽直，定向排种，实行腹背连线与播种沟垂直，背南腹北。开沟深度为 9 cm～10 cm；播种深度为 3 cm～4 cm，覆土的厚薄尽量一致，为 1 cm～2 cm，以蒜瓣的顶尖不露出地面为宜，深浅、行距、株距要均匀。

6 地膜选用及覆盖

6.1 地膜准备

6.1.1 地膜规格
选用宽幅 1 m~4 m,厚度 0.01 mm 的普通聚乙烯透明薄膜或有色(银黑色)薄膜,质量应符合 GB 13735 规定。

6.1.2 地膜用量
每亩用量 4.5 kg~5.5 kg。

6.2 地膜覆盖

6.2.1 覆盖时间
先播种,后盖膜。

6.2.2 覆盖方法
宜根据作畦地块面积选用 2 m 幅宽的地膜覆盖,地膜规格应与畦面相同或小于畦 0.1 m 即将播种的蒜瓣全面覆盖为准。覆膜方式采用平整盖覆,覆膜时要先将一边在畦头用土压上,然后拉紧、铺平、盖严、铺匀。做到地膜紧贴畦面,无空隙,无皱纹,有洞及时用土堵上,膜的两边各留 10 cm 压土,并将地膜两头四周压实,压土不宜过多。不要在地膜上乱放土块和杂物。

6.3 检查护膜
覆膜后加强检查,发现漏覆、破损要及时重新覆好,用土封住破损处,严防被风吹起。

7 田间管理

7.1 放苗与补苗
播种后 7 d 左右,幼苗开始出土,每天清晨,在芽未放出叶片前,轻轻拍打地膜,蒜芽即可透出地膜;并及时进行人工辅助破膜引苗,并用细土盖严膜孔;缺苗时结合破膜引苗,带土补苗。

7.2 施肥

7.2.1 施肥原则
有机肥与无机肥相结合,长效为主,速效为辅;施肥量通过测土配方施肥,因地力状况而确定。肥料运筹,氮肥三分之二作底肥,三分之一作追肥,磷、钾及其他需要补充的中、微量元素肥料全部作为底肥。肥料的施用应符合 GB/Z 26578 规定。

7.2.2 追肥
越冬期每亩追施 5kg~8kg 尿素;返青期每亩追施尿素 10 kg ~15 kg 或追施($N-P_2O_5-K_2O$:30-5-5)水溶肥 7.5 kg;蒜薹伸长期,若前期未追肥或田块缺肥每亩追施尿素 5 kg 和硫酸钾 7.5 kg 或追施($N-P_2O_5-K_2O$:10-5-20)水溶肥 7.5kg~10kg;抽薹和蒜头膨大期亩追施($N-P_2O_5-K_2O$:5-5-10)水溶肥 5kg;结合灌水或中雨前在株间挖穴施入,施后覆土,压好地膜破口。

7.3 灌水
应在苗期、返青期、抽薹和蒜头膨大期追肥时,水肥耦合进行浇水,浇水量每亩每次 100 m³~200 m³。水质应符合 GB 3838 规定。

7.4 水肥一体化

7.4.1 灌水及施肥系统安装

在地膜下或膜上铺设(管道设备)滴灌设备并增加施肥装置,滴灌孔尽可能靠近每株蒜苗根系,在追肥时随浇水追施。施用水溶性肥料应符合 HG/T 4365 规定。

7.4.2 苗期水肥耦合

苗期生长旺盛可不追肥,视土壤墒情每次每亩浇水量 20 m^3～60 m^3。

7.4.3 春季水肥耦合

春季返青期浇水量为每亩40 m^3～60 m^3并结合追肥每亩施用硫酸铵15 kg ～20 kg 或施用含量为 N-P_2O_5-K_2O:30-5-5水溶肥5 kg～7.5 kg。

7.4.4 抽薹期水肥耦合

抽薹时结合浇水每亩再施用硫酸铵7.5 kg～15 kg或尿素5 kg～10 kg,浇水量为每亩40 m^3～60 m^3。

7.4.5 鳞茎膨大期水肥耦合

大蒜进入鳞茎发育盛期,可每亩再追施硫酸铵5 kg～10 kg 或尿素5 kg加上氯化钾5 kg～10 kg或硫酸钾8 kg～12 kg配合施用,或施用含量为N-P_2O_5-K_2O:10-5-30水溶肥5 kg～7.5 kg,浇水量为每亩50m^3～80m^3。

7.5 病虫草害防治

7.5.1 防治原则

病虫草害防治应应坚持"预防为主、综合防治"的原则,以农业防治、物理防治、生物防治为主,化学防治为辅,防治措施和药剂选用应符合 GB/T 8321 规定。

7.5.2 农业防治

选用抗病品种或脱毒蒜种,深耕土壤,合理施肥,清洁田园。

7.5.3 物理防治

在播种前5 d～7 d,耕地时每亩施用10 kg～20 kg碳酸氢铵熏杀地下害虫或在播种前20 d～30 d每亩施用石灰氮30 kg～50 kg防治地下害虫和线虫;或采用银灰色地膜驱避蚜虫、预防杂草发生。增施有机肥和补充施用中、微量元素,减少生理病害的发生。

7.5.4 生物防治

按DB32/T 953规定执行。

7.5.5 化学防治

7.5.5.1 主要病害有叶枯病、疫病、紫斑病、煤斑病、锈病、灰霉病、白腐病、大蒜细菌性软腐(根腐)病。主要虫害有地老虎、蛴螬、蝼蛄、金针虫、蒜蛆、葱蓟马、蒜萤叶甲。大蒜地膜覆盖栽培病虫害及防治措施可参见附录 A 进行。农药使用应按照 NY/T 1276 规定执行。

7.5.5.2 芽前除草,宜每亩喷 33%二甲戊乐灵乳油150 mL～200 mL或 50%精禾草克40 g～50 g或24%乙氧氟草醚 50 mL～100 mL,兑水60 kg～70 kg喷雾。除草剂选用应符合 DB32/T 953 规定。

8 收获

8.1 采薹

总苞下部变白,蒜头顶部开始弯曲为收薹适期。提早上市薹蒜在蒜薹(不包括总苞部分)高出最后一片叶的叶鞘口 7 cm 左右、上部尚未向下弯曲(打弯)时可采收;追求蒜薹产量,应在蒜薹高出最后一片叶鞘口 15 cm 左右、上部打弯时采收。收获蒜头为主的大蒜,宜在蒜薹顶部开始弯曲薹苞刚变白时采薹。采收蒜薹时宜选在晴天中午后进行,提薹为佳,保护蒜叶。按 GB/Z 26578 规定执行。

8.2 收蒜头

采薹后 15 d～20 d，大蒜叶片枯萎、假茎松软，即 80%的植株基部叶片干枯，为蒜头收获适期。收蒜头时应轻拿、轻放，不磕不碰，去掉泥土，放在田里遮盖晾晒，只晒秧，不晒头。2 d～3 d 后整理，用小刀切须，晒干后，留假茎 2 cm 做商品蒜，蒜头晾晒过程中应经常翻动。

9 地膜回收

9.1 揭膜

薹蒜田块，在清明以后，气温稳定，先揭地膜和清除田间杂草，大蒜收获后再进行一次地膜回收。收获蒜头田块，水旱轮作田，在大蒜收获后当季要及时揭膜，清除、捡拾干净；间套作田，在下茬旱作物收获后揭膜，并清除、捡拾干净。回收的地膜要合理堆放，及时交由专业回收企业处理。应符合 GB/T 25413 要求。

9.2 回收方式

地膜回收方式有以下 3 种：

a）全机械化回收：利用残膜回收机械，实现松土-起膜-膜杂分离-集膜的全程机械化。

b）半机械（人机结合）捡拾回收：在机械回收后残膜较多的蒜田，人工进行二次捡拾回收。

c）人工捡拾回收：地膜捡拾以人工为主，捡拾地面表层的废旧地膜。

9.3 回收要求

地膜回收要求见表 1。

表 1 地膜回收要求

回收方式	地膜年回收率 %
全机械化回收	≥90
半机械（人机结合）捡拾回收	≥95
人工捡拾回收	≥95

9.4 地膜回收测定方法

按附录B的方法进行测定。

附录 A
（资料性附录）
大蒜地膜覆盖栽培病虫害防治

A.1 大蒜地膜覆盖栽培病虫害及防治措施见表 A.1。

A.1 大蒜地膜覆盖栽培病虫害及防治措施

名称	防治措施
叶枯病	发病初期可用 53.8%氢氧化铜水分散粒剂 30 g～40 g 或苯醚甲环唑、唑醚.代森联、吡唑醚菌酯、嘧菌酯 20 g～40 g，每隔 7 d～10 d 一次，连续防治 2 次即可。
疫病	发病初期可用 75%百菌清 600 倍液或 65%代森锰锌粉剂 400 倍液，每隔 7d～10d 一次，防治 1 次～2 次即可。
紫斑病、煤斑病	发病初期可用 75%肟菌.戊唑醇水分散粒剂 15 g～20 g 或 30%醚菌酯可湿性粉剂 15g～30g，或改用吡唑醚菌酯、烯肟菌胺、啶氧菌酯等药剂，每隔 7 d～10 d 一次，防治 1 次～2 次即可。
白腐病	发病初期可用 50%甲基托布津 600 倍液喷淋，每隔 10d 一次，防治 2 次～3 次即可。
灰霉病	发病初期可用 50%的扑海因可湿性粉剂 1500 倍液，每隔 7 d～10 d 一次，防治 2 次～3 次即可。
大蒜细菌性软腐（根腐）病	发病初期用 77%可杀得可湿性粉剂 500 倍或 50%琥胶肥酸铜 500 液或 3%噻霉酮可湿性粉剂 1000 倍液喷雾、20%噻菌铜悬浮剂、20%噻菌铜悬浮剂 300～500 倍液灌根，每隔 7d　10d 一次，连续防治 2～3 次；还可以噻唑锌、氨基寡糖素、春雷霉素、氯溴异氰尿酸、枯草芽孢杆菌等喷雾，每隔 7d～10 d 一次，连续防治 2 次～3 次防治即可。
地老虎、蛴螬、蟋蟀、金针虫、蒜蛆	每亩用 75%辛硫磷乳油 0.25 kg，在播前耕作撒入土壤；或用 90%敌百虫晶体、0.3%苦参碱 1000 倍～1500 倍液对大蒜根部喷灌，对根蛆成虫可用糖醋加敌百虫诱杀即可。
葱蓟马、蒜萤叶甲	可用 0.3%苦参碱水剂 1000 倍液或辛硫磷 1500 倍液防治 1 次～2 次即可。

附录 B
(规范性附录)
大蒜地膜回收测定方法

B.1 采样方法

对蒜田地膜回收作业质量评价时,在作业后每块田按照梅花状、对角线形或"S"形取样,面积为亩以下(含亩)的每块田取 2 个~3 个样点;面积超过亩田块取 3 个~5 个样点。

B.2 评价方法

每个样点挖 100 cm×100 cm 正方形样方,测定 0~30 cm 土层(耕层)的地膜残留量,使用 8~10 目筛网筛出土壤中残膜。用铁签围成一个 1 m×1 m 的正方形样方,然后向外扩展约 10 cm,挖一个围住点的"护城河",深度约 40 cm,形成一个"回"字形,回字里面的为样点(1 m×1 m),里外间隔 10 cm,深度 40 cm 左右即可。捡拾的地膜用清水洗净,放置阴凉处晾干,然后用天平称重(精确度不低于 0.01 g)。残留量计算按照式(1)计算地膜残留量。

计算公式:

$$M = 10 \times \sum i / n \tag{1}$$

式中:M —— 采样田地膜残留量,单位为(kg/亩);
$\sum i$ —— 采样田块所有取样点残膜总净重,单位为(kg);
n —— 采样点个数。

测出地膜回收率计算按照式(2)得出:

$$J = M/F \times 100\% \tag{2}$$

式中:J —— 采样田地块地膜回收系数(%);
M —— 采样田地膜残留量,单位为(kg/亩);
F —— 单位面积地膜使用量,单位为(kg/亩)。

第十章
邳州农业绿色发展战略

制定完善与产地环境质量、农业投入品质量、农业产中产后安全控制、农产品质量等相关的农业绿色发展环境基准和技术标准，引领邳州市农业走上一条产出高效、产品安全、资源节约、环境友好的农业现代化道路，打造促进农业绿色发展的强大引擎。

第一节 加强农业生态保护

深入实施土壤污染防治行动计划，开展土壤污染状况详查，每年提升耕地质量等级0.1左右，积极推进重金属污染耕地等受污染耕地分类管理和安全利用，有序推进治理与修复，确保受污染耕地安全利用率达到95%以上。对严格管控类耕地进行网格化布点，加大安全利用类耕地布点密度。开展农用地土壤污染深度调查与溯源，对全市污水处理企业周边农用地、规模养殖企业周边耕地（农用地）定期开展农产品和土壤协同监测。加大地下水超采治理，控制地下水漏斗区、地表水过度利用区用水总量。严禁未经达标处理的城镇污水和其他污染物进入农业农村。

第二节　大力推进高标准农田建设

坚持新增建设与改造提升相结合，加快建设步伐，集中力量打造集中连片、旱涝保收、节水高效、稳产高产、生态友好的高标准农田。"十四五"末，高标准农田占比将达到100%。根据各地耕地利用现状及增产潜力，按照先易后难、突出重点、发挥优势、相对平衡、注重实效的原则，科学规划高标准农田新增建设与改造提升任务。进一步优化农田结构布局。采用农艺、生物等措施，对田间基础设施配套建设后的耕地进行土壤改良、地力培肥。加强水源工程建设，配套改造和建设输配水渠（管）道和排水沟（管）道、泵站及渠系建筑物。因地制宜推广渠道防渗、低压管道输水、喷灌、微灌等节水灌溉技术，重点建设高效节水灌溉工程。优化机耕路、生产路布局，改善农机作业通行条件。推广生态型治理措施建设高标准农田，注重生态沟渠及地表径流集蓄与利用设施建设，加强农田防护与生态环境保持。配套建设变配电设施，为泵站、机井及信息化工程等提供电力保障，提高安全用电水平。

第三节　推进农业绿色生产

推行标准化生产规程，把实施标准化生产作为增强农产品竞争力、提高农业效益的重要抓手，强化产地源头保护和治理，严格投入品控制，加快园艺作物标准园和标准化养殖场建设。加强农业投入品规范化管理，扎实开展化肥减量增效和有机肥部分替代化肥行动，积极推行腐熟粪肥安全利用，推广测土配方施肥、缓控释肥料应用、水肥一体化、有机类肥料替代化肥等技术模式，主要农作物测土配方施肥技术覆盖率达90%以上。推广重大病虫草害绿色防控技术，推广种子处理、低毒低残留的农药和生物农药，进一步提高农药利用率。省级病虫绿色防控示范区内生物、物理等非化学防控技术覆盖率达50%以上，绿色防控产品使用面积占比达90%以上。加大对标准化清洁生产技术的培训宣传，引导农产品生产者控药、控肥、控添加剂，通过产品抽检、环境监测、现场检查等手段，督促生产者落实全程标准化生产管理，实现产品规模、质量和品牌的全面提升。

第四节 推进农业废弃物资源化利用

因地制宜开展秸秆还田和秸秆离田利用工作，建立健全秸秆收储运体系，鼓励发展多种形式秸秆综合利用模式，拓展秸秆利用渠道，重点支持秸秆高值化利用，提高秸秆综合利用效益，全市秸秆综合利用率达98.5%。推进畜禽粪污资源化利用，畜禽粪污资源化利用率达98%。推进废旧农膜回收利用，以完善市、镇、村三级废旧农膜回收网络为重点有序推进，进一步健全运行机制，拓展回收利用路径，探索实行区域加工中心和回收网点的输送对接，大力推进废旧地膜纳入农村生活垃圾运营模式建设。在做好农业部地膜残留监测国控点的基础上，加大力度对大蒜、蔬菜、草莓、花生等主要农作物地膜残留监测摸清底数，持续抓好政策宣传，强化市场执法监管，严格地膜准入。同时做好农膜减量替代实验示范，推广应用全生物降解膜，开展废旧地膜机械化回收示范，逐步提高废旧农膜回收率。

第五节 加强农产品质量安全监管

加快市农产品质量安全检测中心建设，充实专业技术人员。继续实施镇级农产品质量安全监管机构标准化提升行动，推行"网格化＋精准监管"，根据各镇农业生产实际，添置与工作量相适应的检测设施设备，切实提升镇农产品质量安全监管能力。强化对农资销售网点的经营档案管理，确保农资商品的来源可追溯、去向可查证。实施"治违禁、控药残、促提升"行动，重点开展"三棵菜""一枚蛋""一只鸡""两盘肉""四条鱼"的摸底排查，提高"11+1"个品种农产品质量安全水平，加大抽检覆盖面和抽检频次。对农兽药及农兽药残留等加大监控力度，加强对专业合作社、家庭农场、种养殖大户等在生产过程中的抽检力度，对抽检不合格的产品，及时依法查处。

加快推进诚信体系建设，依托省平台推动农产品生产主体信用档案、日常监管、行政事项、产品认证、执法查处等信用信息归集，对不法生产经营者，依法公开其违法信息，努力营造良好的信用环境。探索建立守信褒奖和失信惩戒机制，推动信用评价结果公示，推动评级结果与生产主体评优鉴选、项目支持等挂钩。

第六节　努力打造强势品牌

品牌是绿色农业竞争力的核心标志，品牌代表了信誉、质量及市场。在绿色农业及相应农产品生产过程中，全面落实标准化生产是确保绿色农业品牌竞争力的基础。邳州市目前有邳州白蒜、邳州银杏、薹干等知名度较高的优势品种，应当努力把品牌建设放在第一位，放大国家生态原产地保护产品、国家地理标志产品的品牌效应，持续打造大蒜、银杏等国家区域公用品牌；培育"邳州炒货"等具有邳州历史、民俗特色的区域公用品牌。强化品牌推介，在车站、码头、广场、城市出入口树立形象宣传广告牌，利用本地电视、报纸、网络等多种媒体和地方农事、节庆活动宣传，全方位持续推介农业区域公用品牌。通过电商平台、直播带货等多种形式，搞好绿色优质农产品推介，提升农产品品牌美誉度、影响力，实现优质优价、品牌溢价。

参考文献

[1] 谭淑豪. 以绿色发展理念促中国农业绿色发展 [J]. 人民论坛·学术前沿，2021（13）：68-76.

[2] 张平军. 生态农业发展将是我国农业可持续发展的一个战略选择 [J]. 甘肃农业，2013（18）：5-6.

[3] 陈文红. 邳州市生态农业建设浅议 [J]. 安徽农学通报，2008（2）：5-7.

[4] 马跃栋. 河北省农业产业化发展现状、存在问题和对策 [J]. 河北农业，2023（9）：14-15.

[5] 孙晓云. 农业经济管理现状、存在问题与发展趋势：以安徽省太和县为例 [J]. 江西农业，2017（11）：131.

[6] 习近平生态文明思想研究中心成立 [J]. 环境与可持续发展，2021，46（4）：161.

[7] 吴舜泽，刘越，俞海. 全国生态环境保护大会三大成果的理论思考 [J]. 环境保护，2018，46（11）：12-16.

[8] 李压利. 习近平生态文明思想研究 [D]. 兰州：西北师范大学，2022.

[9] 习近平指出，加快生态文明体制改革，建设美丽中国 [J]. 环境影响评价，2017，39（6）：3.

[10] 高国荣. 从生产控制到土壤保护：罗斯福"新政"时期美国农业调整政策的演变及其影响 [J]. 北京师范大学学报（社会科学版），2022（6）：93-106.

[11] 佴逸潇. 企业上市对企业创新的影响研究：基于生命周期视角 [J]. 经济师，2021（7）：38-39.

[12] 牛文元. 可持续发展理论的基本认知 [J]. 地理科学进展，2008（3）：1-6.

[13] 霍秀媚. 略论可持续发展与消除贫困 [J]. 时代论丛，1997（6）：33-35.

[14] 张作娟. 浅析可持续发展视域下的道路交通工程 [J]. 黑龙江科技信息，2017（11）：241.

[15] 杨照，朱明，陈伟忠，等. 农业可持续发展现状与发展模式研究：基于44个国家可持续发展实验区的数据 [J]. 生态经济，2018，34（12）：54-57.

[16] 杨春，吴成秋，蔡文生. 邳州市降雨分布规律与趋势分析 [J]. 现代农业科技，2017（3）：217-219.

[17] 王东，王炼. 基于土地利用覆被变化的邳州市景观格局演化分析 [J]. 江苏建筑职业技术学院学报，2021，21（2）：13-18.

[18] 尚小添. 自然资源管理体制下的地下水资源调查方法：以邳州市地下水资源专项调查为例 [J]. 中国水运（下半月），2021，21（12）：71-72.

[19] 娄敏. 城市污水处理工艺优化和对地表水环境的影响分析：以邳州市戴圩污水处理厂为例 [J]. 企业技术开发，2014，33（29）：57-58.

[20] 江苏省水利厅. 江苏防汛抗旱 [M]. 北京：中国水利水电出版社，2021.

[21] 岳鹏，朱伟，彭海莹. 浅述邳州市沂河橡胶坝在水资源利用和水生态治理中的重要作用 [J]. 治淮，2015（8）：52-53.

[22] 李炜，赵明正，张相龙，等. 不确定性冲击下生猪市场价格波动研究 [J]. 河南农业大学学报，2024：1-14.

[23] 汤广贝. 江苏省秸秆综合利用政策研究：政策方案与政策执行 [D]. 南京：南京大学，2019.

[24] 翟晶晶. 邳州市特色农业发展研究 [D]. 舟山：浙江海洋大学，2018.

[25] 潘娟，刘新星，张璐璐，等. 基于县域单元的江苏经济发展时空格局及演化分析 [J]. 现代商业，2024（5）：59-64.

[26] 伏威. 双循环视域下徐州市对外贸易政策研究 [D]. 徐州：中国矿业大学，2024.

[27] 尼雪妹，王艳，王娜娜，等. 农业技术评价指标选取及指标体系构建 [J]. 农业展望，2017，13（12）：65-71.

[28] 陈颐萱. 四川农业供给体系的质量评价与分析 [D]. 雅安：四川农业大学，

2023.

[29] 陆方祥. 农业面源污染防控措施探讨[J]. 现代农业科技, 2019（4）：156-157.

[30] 温英萍. 林业可持续发展评价指标体系的构建[J]. 南方农业, 2021, 15（36）：82-84.

[31] 巩慧琴. 基于熵权法的海南省旅游环境承载力评价研究[J]. 文化产业研究, 2020（2）：223-237.

[32] 袁永峰. 武川县肉羊产业可持续发展研究[D]. 呼和浩特：内蒙古农业大学, 2017.

[33] 倪广亚, 刘学录, 李沁汶, 等. 基于数据信息特征的土地资源评价客观赋权方法的研究[J]. 中国农学通报, 2014, 30（20）：255-262.

[34] 夏志恺, 董晓华, 马耀明, 等. 淮河息县流域不同土地利用类型的水沙贡献率研究[J]. 中国农村水利水电, 2023（12）：128-138.

[35] 李晓琳. 绿色发展背景下邯郸市农业资源利用评价研究[D]. 北京：中国农业科学院, 2021.

[36] 孙布克, 燕翔, 潘晨光. 农业农村现代化水平评价及影响因素分析：以黑龙江省为例[J]. 山东农业大学学报（社会科学版）, 2024, 26（1）：97-102.

[37] 贾珍珍. 基于灰色关联分析法的C集团财务绩效评价[D]. 太原：太原理工大学, 2022.

[38] 程永生. 农业社会化服务对于绿色全要素生产率的影响研究[D]. 合肥：安徽大学, 2022.

[39] 李明. 中国社会主义现代化进程中的"三农"问题[D]. 北京：中共中央党校, 2003.

[40] 任艳云, 谭贺, 高仙草, 等. 金乡与杞县、邳州大蒜产业发展对比分析[J]. 中国蔬菜, 2021（12）：5-10.

[41] 朱海梅, 尹标. 邳州市大蒜地膜覆盖栽培技术[J]. 中国农技推广, 2010, 26（8）：27-28.

[42] 孙益豪, 张家宏, 金涛. 江苏省稻田综合种养现状、存在的问题与对策[J]. 农业展望, 2021, 17（11）：33-39.

[43] 孙益豪. 江苏省稻虾综合种养科技推广与服务模式研究[D]. 扬州：扬州

大学，2023.

[44] 张雪芳. 天津市稻渔种养模式综合效益评价研究[D]. 天津：天津农学院，2023.

[45] 彭潇. 监利市农业高质量发展研究[D]. 武汉：中南民族大学，2023.

[46] 梁謇. 我国绿色农业补贴政策体系建构研究[J]. 行政论坛，2020，27（1）：56-62.

[47] 中共海南省委　海南省人民政府关于学习运用"千村示范、万村整治"工程经验　有力有效推进乡村全面振兴的实施意见[N]. 海南日报，2024-04-13.

[48] 穆易. 聚焦热点难点　共推行业发展：农业农村部答复全国"两会"代表委员农机建议提案[J]. 中国农机监理，2018（10）：11-16.

[49] 农业农村部：加大农业绿色发展补贴[J]. 新疆农机化，2018（5）：1.

[50] 2025年建立健全农业农村数据采集体系[EB/OL].[2024-04-15]. https：//www.gov.cn/xinwen/2020-01/21/content_5471112.htm.

[51] 谱写新时代农业农村现代化新篇章[EB/OL].[2024-04-15]. http：//cpc.people.com.cn/n1/2021/0608/c64387-32125129.html.

[52] 刘远. 让"错置"资源归位　护神州"绿水青山"：畜禽粪污资源化利用行动综述[J]. 农产品市场周刊，2018（48）：46-47.

[53] 刘慧. 农机补贴新规支撑农业绿色发展[J]. 农村·农业·农民（A版），2019（5）：24-25.

[54] 薛艳凤，周慧. 加快江苏千亿元级现代种业产业建设[J]. 江苏农村经济，2020（5）：28-31.

[55] 三部门联合出台指导意见实施农机报废补贴　促进农业绿色发展[EB/OL].[2024-04-15]. https：//www.moa.gov.cn/xw/zwdt/202003/t20200303_6338112.htm.

[56] 农业农村部　财政部发布2020年重点强农惠农政策[EB/OL].[2024-04-15]. https：//www.gov.cn/xinwen/2020-07/13/content_5526362.htm.

[57] 万靓军. 关于健全完善农业绿色发展标准体系的几点思考[J]. 农业部管理干部学院学报，2018（2）：9-10.

[58] 科学认识和推进农业绿色发展[EB/OL].[2024-04-15]. http：//env.people.com.cn/n1/2021/0125/c1010-32010728.html.